세종특별자치시교육청
교육공무직원

제1회 모의고사

성명		생년월일		
문제 수(배점)	50문항	풀이시간		/ 50분
영역	필기시험			
비고	객관식 4지선다형			

KB199827

- 문제지 및 답안지의 해당란에 문제유형, 성명, 응시번호를 정확히 기재하세요.

- 모든 기재 및 표기사항은 "컴퓨터용 흑색 수성 사인펜"만 사용합니다.

- 예비 마킹은 중복 답안으로 판독될 수 있습니다.

[제1과목] 국어

1 다음 제시된 단어의 관계가 반의 관계인 것은?

① 희망 – 기원
② 옷 – 바지
③ 죽음 – 삶
④ 걸음 – 보행

2 ㉠과 ㉡에 들어갈 말로 알맞은 것은?

> 한글 맞춤법은 표준어를 (㉠)대로 적되, (㉡)에 맞도록 함을 원칙으로 한다.

① ㉠ : 소리   ㉡ : 어법
② ㉠ : 발음   ㉡ : 문법
③ ㉠ : 어법   ㉡ : 소리
④ ㉠ : 문법   ㉠ : 발음

3 다음 중 단어의 형성 원리가 다른 것은?

① 군식구   ② 돌다리
③ 헛웃음   ④ 건어물

4 다음 중 띄어쓰기가 옳지 않은 것은?

① 그가 가진 것은 성실함뿐이었다.
② 열을 내리는데 이 약이 최고다
③ 소년은 금세 누나만큼 자랐다.
④ 알지도 못하는 사람이 아는 척하며 다가왔다.

5 다음 중 밑줄 친 단어의 형태가 옳은 것은?

① 아이는 언덕이 <u>가파라서</u> 넘어오지 못했다.
② 흰옷은 몇 번 입지 못하고 <u>싯누렇게</u> 변해버렸다.
③ 아내는 하루종일 동치미를 <u>담궜다</u>.
④ 화살은 사과를 <u>맞추고</u> 과녁을 명중했다.

6 다음 중 음의 첨가로 볼 수 없는 것은?

① 식용유[시굥뉴]   ② 삯일[상닐]
③ 물약[물략]   ④ 미닫이[미다지]

7 다음 밑줄 친 부분 중 한글 맞춤법에 따라 바르게 표기된 것은?

① 시간이 <u>넉넉치</u> 않은데도 옷을 몇 번이나 갈아입었다.
② <u>간편케</u> 접은 옷가지들이 빼곡했다.
③ 드넓은 갯벌이 <u>들어나자</u> 사람들이 하나둘 바지를 걷고 갯벌로 들어갔다.
④ 이것이 당신이 찾던 <u>것이요.</u>

8 다음 밑줄 친 것과 쓰임이 같은 것은?

> 그저 조그마한 보탬이라도 되고자 하는 뜻<u>에서</u> 행한 일이다.

① 우리는 아침에 도서관<u>에서</u> 만나기로 하였다.
② 서울<u>에서</u> 몇 시에 출발할 예정이냐?
③ 고마운 마음<u>에서</u> 드리는 말씀입니다.
④ 정부<u>에서</u> 실시한 조사 결과가 발표되었다.

9 띄어쓰기가 옳지 않은 것은?

① 연희가 나하고 친한 것을 모르는 사람이 없다.
② 배가 불러도 먹을 수밖에 없었다.
③ 회사에 가는김에 엄마도 병원에 내려주었다.
④ 하늘이 흐린 게 비가 올 성싶다.

10 다음 중 로마자 표기법에 따른 표기가 바르지 못한 것은?

① 백암 – Baegam
② 울릉 – Urreung
③ 칠곡 – Chilgok
④ 설악 – Seorak

11 다음 중 외래어 표기법에 따라 바르게 표기된 것으로만 묶인 것은?

① 서비스, 스템프, 데스크, 벌브
② 리더쉽, 소시지, 재즈, 슈림프
③ 지그재그, 시그널, 플래시, 로브스터
④ 쇼핑, 아이섀도우, 잉크, 스윙

12 한글 맞춤법에 관한 다음의 규정이 적용된 예시로 바르지 않은 것은?

> 부사의 끝음절이 분명히 '이'로만 나는 것은 '-이'로 적고, '히'로만 나거나 '이'나 '히'로 나는 것은 '-히'로 적는다.

① 간편이
② 극히
③ 가붓이
④ 반듯이

13 다음 빈칸에 공통으로 들어갈 단어로 적절한 것은?

> • 민주 정치의 (   )은 고대 그리스에서 출발한다.
> • 합격을 바라는 간절한 (   )이 담겨 있었다.
> • 택이는 (   )에 가서 바둑을 두는 것이 유일한 일과였다.

① 희망   ② 소망
③ 염원   ④ 기원

14 다음 중 복수 표준어가 아닌 것은?

① 돼지감자 – 뚱딴지

② 들락거리다 – 들랑거리다

③ 여태껏 – 여직껏

④ 보조개 – 볼우물

15 어문 규정에 어긋난 것으로만 묶인 것은?

① 기여하고저, 뻐드렁니, 돌('첫 생일')

② 퍼붇는다, 쳐부수다, 수퇘지

③ 안성마춤, 삵괭이, 더우기

④ 고샅, 일찍이, 굶주리다

16 관용 표현이 사용되지 않은 문장은?

① 사람들은 폭설 때문에 공항에 발이 묶였다.

② 재하는 선물이 마음에 들었는지 입이 귀에 걸렸다.

③ 미영이는 한 손으로 농구공을 잡을 만큼 손이 크다.

④ 두 사람은 손발이 맞아 무슨 일이든 빨리 끝낸다.

17 〈보기〉의 밑줄 친 ㉠에 해당하는 글자가 아닌 것은?

〈보기〉

한글 중 초성자는 기본자, 가획자, 이체자로 구분된다. 기본자는 조음 기관의 모양을 상형한 글자이다. ㉠가획자는 기본자에 획을 더한 것으로, 획을 더할 때마다 그 글자가 나타내는 소리의 세기는 세어진다는 특징이 있다. 이체자는 획을 더한 것은 가획자와 같지만 가획을 해도 소리의 세기가 세어지지 않는다는 차이가 있다.

① ㄹ

② ㅋ

③ ㅍ

④ ㅎ

18 다음 중 밑줄 친 낱말의 15세기 표기는?

무울히 디나 드니느니

① 마을

② 무실

③ 무술

④ 마술

19 초성의 제자원리에 알맞은 것은?

① 발음기관 상형

② 몽고문자 모방

③ 고전(古篆) 모방

④ 창호(窓戶) 모방

20 한자의 음과 뜻을 빌려 국어 문장 전체를 적은 표기법으로, 향가 표기에 사용된 표기법은?

① 이두

② 구결

③ 향찰

④ 연철

21 다음 중 문학의 본질에 대한 설명으로 옳지 않은 것은?

① 문학의 표현 수단은 언어이다.

② 작가의 상상에 의해 재 창조된 세계의 표현이다.

③ 민담이나 민요는 문학의 범주에 포함되지 않는다.

④ 개인의 체험을 함축적으로 표현한다.

22 고대 가요의 대한 다음 설명 중 옳지 않은 것은?

① 모두 개인이 서정을 노래하였다.

② 설화 속에 삽입 가요로 전승되었다.

③ 원시 종합 예술에서 분화되어 발전하였다.

④ 현존하는 최고의 서정시는 「공무도하가」이다.

23 국문학 사상 최초의 월령체 형식으로 송도지사(頌禱之詞)를 담고 있는 고려가요는?

① 사모곡

② 동동

③ 상저가

④ 정석가

24 다음에서 유배(流配) 가사만으로 묶인 것은?

① 북천가, 한양가, 조천가

② 북천가, 북관곡, 만언사

③ 연행가, 만언사, 일동장유가

④ 연행가, 관동별곡, 일동장유가

25 다음 중 융합 관계에 해당하는 한자어는?

① 季節　　　　② 父母

③ 讀書　　　　④ 光陰

[제2과목] 일반상식

1 레임덕(Lame Duck)에 관한 설명으로 옳은 것은 무엇인가?

① 임기 말기에 나타나는 권력 누수 현상이다.

② 임기 중 일을 추진하기보다는 무사안일하게 시간이 흐르기만을 기다리는 현상이다.

③ 임기 말기에 나타나는 권력 공백 현상이다.

④ 정치세력이 상호지원의 차원에서 투표 거래나 투표 담합을 하는 행위이다.

2 매년 미국 캔자스시티 연방 준비은행이 개최하는 경제정책 심포지엄으로, 전 세계 경제 전문가와 중앙은행 총재들이 모여 경제정책을 논의하는 연례 회의를 의미하는 용어는 무엇인가?

① 타운 홀 미팅

② 잭슨 홀 미팅

③ 올 핸즈 미팅

④ 킥 오프 미팅

3 주택 담보대출을 취급했던 은행계에서 상품을 없애자 자금융통이 급급한 고객들이 제2금융권으로 몰리는 현상은 무엇과 관련 있는가?

① 풍선 효과

② 칵테일파티 효과

③ 피그말리온 효과

④ 스티그마 효과

4 일정 시기에 따라 증시가 좋아지거나 나빠지는 주식 이상현상을 무엇이라고 하는가?

① 소외기업 효과

② 외부 효과

③ 캘린더 효과

④ 낙수 효과

5 멘델의 유전법칙에 해당하지 않는 것은?

① 우열의 법칙　　　　② 분리의 법칙

③ 잠재의 법칙　　　　④ 독립의 법칙

6 다음 중 우리나라의 표준시는?

① 동경 105°　　　　② 동경 120°

③ 동경 135°　　　　④ 동경 150°

7 교육심리학자 매슬로우의 욕구체계가 순서대로 바르게 나열된 것은 어느 것인가?

┌─────────────────────┐
│ ㉠ 생리적 욕구　　　　│
│ ㉡ 안전욕구　　　　　│
│ ㉢ 소속 욕구　　　　　│
│ ㉣ 자존의 욕구　　　　│
│ ㉤ 자아실현 욕구　　　│
└─────────────────────┘

① ㉠ - ㉡ - ㉢ - ㉣ - ㉤

② ㉠ - ㉢ - ㉡ - ㉣ - ㉤

③ ㉠ - ㉡ - ㉣ - ㉢ - ㉤

④ ㉠ - ㉤ - ㉡ - ㉢ - ㉣

8 가전체문학은 고려 무신정변 이후 문신들의 삶에 대한 깊은 인식을 표현한 문학형태이다. 다음 중 가전체문학이 아닌 것은?

① 한림별곡
② 국순전
③ 청강사지현부전
④ 정시자전

9 우리나라 최초의 순 한글신문은?

① 제국신문
② 한성순보
③ 황성신문
④ 독립신문

10 판소리 5마당이 아닌 것은?

① 배비장전
② 적벽가
③ 수궁가
④ 흥보가

11 경제문제에 대한 설명으로 옳지 않은 것은?

① 모든 사회에는 생산량, 생산방법, 분배 등의 문제가 존재한다.
② 무엇을 얼마나 생산할 것인가의 문제에서는 선택한 재화의 생산경비가 기회비용이다.
③ 누구를 위하여 생산할 것인가의 문제는 효율성과 형평성의 문제이다.
④ 생산량과 생산방법에 대한 합리적 결정은 최소희생으로 최대효과를 얻으려는 것이다.

12 보이지 않는 손(Invisible hand)에 관한 설명 중 옳지 않은 것은?

① 시장가격을 의미한다.
② 화폐를 의미한다.
③ 재화와 서비스의 가격을 결정하는 역할을 한다.
④ 경제활동을 하는 데 있어서 국가개입을 최소화한다.

13 헌법에 명시된 임기에 관한 내용 중 옳지 않은 것은?

① 국회의원의 임기는 4년이다.
② 대통령의 임기는 5년이며 중임할 수 없다.
③ 대법원장의 임기는 5년이며 중임할 수 없다.
④ 헌법재판소 재판관의 임기는 6년이며 연임할 수 있다.

14 다음이 설명하는 것은?

- 상품거래량에 비해 통화량이 감소하여 물가 하락하고 화폐가치가 오르는 현상이다.
- 생산이 위축되고 실업자가 속출하며, 실질임금이 증가하는 결과를 초래한다.

① 인플레이션
② 디플레이션
③ 리플레이션
④ 스태그플레이션

15 다음 사례에서 갑의 행위는 범죄가 아니다. 범죄가 성립되지 않는 이유로 가장 적절한 것은?

고등학생인 갑(만16세)은 골목에서 초등학생인 을이 괴한에게 납치당할 위기에 처한 것을 보고, 이를 제지하기 위해 괴한을 가방으로 가격하였다. 갑의 행위로 을은 납치를 면했지만 괴한은 전치 3주의 상처를 입었다.

① 긴급피난
② 자구행위
③ 정당방위
④ 피해자승낙

16 ㉠~㉢의 유물에 대한 설명으로 옳은 것은?

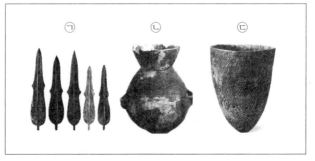

① ㉠ - 한반도 안에서 독자적인 발전을 이룬 청동기 형태이다.
② ㉡ - 애니미즘과 토테미즘이 등장하던 시기에 처음 제작되었다.
③ ㉢ - 주춧돌을 사용한 집터에서 주로 발견된다.
④ ㉠㉡ - 우리 민족이 최초로 세운 국가의 특징적인 유물이다.

17 각 나라별 생활과 풍속에 대한 설명으로 옳지 않은 것은?

① 고조선 - 남에게 상처를 입힌 자는 곡식으로 갚게 하였다.
② 동예 - 다른 부족의 영역을 침범하면 노비와 소, 말로 변상하게 하였다.
③ 부여 - 길흉을 점치기 위해 소를 죽였고, 매년 10월에 제천행사를 열었다.
④ 삼한 - 공동 노동을 위한 두레라는 조직이 있었으며 5월과 10월에 계절제를 치렀다.

18 시기 순으로 바르게 나열한 것은?

> ㉠ 고구려의 흥안령 일대 장악
> ㉡ 백제의 사비 천도
> ㉢ 신라의 마운령비 건립
> ㉣ 전기 가야 연맹의 약화

① ㉠→㉣→㉢→㉡
② ㉠→㉣→㉡→㉢
③ ㉣→㉠→㉢→㉡
④ ㉣→㉠→㉡→㉢

19 고려 지배계층의 변화를 토대로 하여 괄호 안에 들어갈 세력에 대한 설명으로 옳지 않은 것은?

> ( )→무신→권문세족→신진사대부

① 과거제, 음서의 혜택, 공음전을 토대로 세력을 유지하였다.
② 불법적으로 노비를 소유하고, 대농장을 가지고 있었다.
③ 이들의 출신은 지방호족이나 6두품 계열로 구성되었다.
④ 상호 세력 간의 혼인 및 왕실 간의 혼인을 주도하였다.

20 다음과 같은 생활을 한 사람들의 경제적 기반이 되는 것으로 옳지 않은 것은?

> 재상가에는 녹(祿)이 끊이지 않았다. 노예가 3천명이고 비슷한 수의 호위군사(갑병)와 소, 말, 돼지가 있었다. 바다 가운데 섬에서 가축을 길러 필요할 때 활로 쏘아서 잡아먹었다. 곡식을 꾸어서 갚지 못하면 노비로 삼았다.
>
> －신당서－

① 녹봉   ② 녹읍
③ 식읍   ④ 정전

21 다음 정책들을 실시한 공통적인 목적으로 옳은 것은?

> • 녹읍을 폐지하고 관료전을 지급하였다.
> • 일반 백성에게 정전을 지급하고, 국가에 조를 바치게 하였다.
> • 지방관으로 하여금 민정문서를 작성하게 하여 남녀별·연령별의 인구와 가축, 유실수 등의 수를 3년마다 한 번씩 통계를 내게 하였다.

① 농민생활의 안정
② 지방세력가의 성장 억제
③ 대토지 소유의 발달 억제
④ 노동력과 생산자원에 대한 국가의 지배력 강화

22 다음과 같은 기록이 남겨져 있는 사회의 모습에 대한 설명으로 옳은 것은?

> 이 고을의 사해점촌을 조사해 보았는데, 지형은 산과 평지로 이루어져 있으며 마을의 크기는 5,725보, 공연의 수는 합하여 11호가 된다. 3년간에 다른 마을에서 이사 온 사람은 둘인데 추자가 1명, 소자가 1명이 있다.

① 골품제도로 능력보다 신분이 중시되었다.
② 호구조사는 20년마다 이루어졌다.
③ 장례는 유교전통에 따라 치루어졌다.
④ 자연재해시 왕이 교체되기도 하였다.

23 다음 중 고려시대의 역사서에 대한 설명으로 옳지 않은 것은?

① 제왕운기 – 우리나라의 역사를 단군에서부터 서술하면서 우리 역사를 중국사와 대등하게 파악하였다.
② 동명왕편 – 고구려 건국 영웅의 업적을 서사시의 형태로 저술하였다.
③ 해동고승전 – 삼국시대의 승려 30여 명의 전기를 수록하였다.
④ 사략 – 개혁을 단행하여 왕권을 중심으로 국가질서를 회복하려는 의식이 반영되었다.

24 조선시대의 다음 제도를 실시한 공통적인 목적은?

> ㉠ 향·소·부곡 폐지   ㉡ 도첩제
> ㉢ 호패제도   ㉣ 노비변정사업

① 농민에 대한 토호의 사적 지배 방지
② 유민의 단속과 민란의 방지
③ 양인 확보를 통한 국역대상자의 증가
④ 권문세족의 약화를 통한 경제적 불평등의 완화

25 다음 독립운동의 공통점으로 옳은 것은?

> • 2·8독립선언
> • 3·1운동
> • 6·10만세운동
> • 광주학생항일운동

① 사회주의계가 주도하였다.
② 종교계 지도자가 주도하였다.
③ 국내에서 전개된 독립운동이다.
④ 학생들의 적극적인 참여가 있었다.

세종특별자치시교육청 교육공무직원 답안지

제1과목

	1	2	3	4		16	1	2	3	4
1	①	②	③	④		16	①	②	③	④
2	①	②	③	④		17	①	②	③	④
3	①	②	③	④		18	①	②	③	④
4	①	②	③	④		19	①	②	③	④
5	①	②	③	④		20	①	②	③	④
6	①	②	③	④		21	①	②	③	④
7	①	②	③	④		22	①	②	③	④
8	①	②	③	④		23	①	②	③	④
9	①	②	③	④		24	①	②	③	④
10	①	②	③	④		25	①	②	③	④
11	①	②	③	④						
12	①	②	③	④						
13	①	②	③	④						
14	①	②	③	④						
15	①	②	③	④						

제2과목

	1	2	3	4		21	1	2	3	4
1	①	②	③	④		21	①	②	③	④
2	①	②	③	④		22	①	②	③	④
3	①	②	③	④		23	①	②	③	④
4	①	②	③	④		24	①	②	③	④
5	①	②	③	④		25	①	②	③	④
6	①	②	③	④		21	①	②	③	④
7	①	②	③	④		22	①	②	③	④
8	①	②	③	④		23	①	②	③	④
9	①	②	③	④		24	①	②	③	④
10	①	②	③	④		25	①	②	③	④
11	①	②	③	④						
12	①	②	③	④						
13	①	②	③	④						
14	①	②	③	④						
15	①	②	③	④						

성명	
성	

생년월일	년	월	일		
	⓪	⓪	⓪	⓪	⓪	⓪
	①	①	①	①	①	①
	②	②	②	②	②	②
	③	③	③	③	③	③
	④	④	④	④	④	④
	⑤	⑤	⑤	⑤	⑤	⑤
	⑥	⑥	⑥	⑥	⑥	⑥
	⑦	⑦	⑦	⑦	⑦	⑦
	⑧	⑧	⑧	⑧	⑧	⑧
	⑨	⑨	⑨	⑨	⑨	⑨

세종특별자치시교육청
교육공무직원

제2회 모의고사

성명		생년월일	
문제 수(배점)	50문항	풀이시간	/ 50분
영역	필기시험		
비고	객관식 4지선다형		

• 문제지 및 답안지의 해당란에 문제유형, 성명, 응시번호를 정확히 기재하세요.

• 모든 기재 및 표기사항은 "컴퓨터용 흑색 수성 사인펜"만 사용합니다.

• 예비 마킹은 중복 답안으로 판독될 수 있습니다.

[제1과목] 국어

1 다음 중 로마자 표기법과 외래어 표기법이 바른 것으로만 묶인 것은?

① 램프, 스넥, 광희문(Gwanghuimun)
② 스카우트, 브리지, 월곶(Wolgot)
③ 캣츠, 데스크, 합덕(Hapdeok)
④ 쇼파, 보디로션, 왕십리(Wangsimni)

2 다음 중 복수 표준어가 아닌 것은?

① 오사리잡놈 / 오합잡놈
② 일찌감치 / 일찌거니
③ 중신 / 중매
④ 노을 / 놀

3 다음 밑줄 친 부분의 띄어쓰기가 바른 문장은?

① 마을 사람들은 어느 말을 정말로 믿어야 <u>옳은 지</u> 몰라서 멀거니 두 사람의 입을 쳐다보고만 있었다.
② 강아지가 집을 나간 지 <u>사흘만에</u> 돌아왔다.
③ 그냥 모르는 척 <u>살만도 한데</u> 말이야.
④ 자네, 도대체 이게 <u>얼마 만인가</u>.

4 다음 중 발음이 옳은 것은?

① 강아지를 안고[앙꼬] 쇼핑을 했다.
② 이야기 하나로 사람들을 웃기기도[우 : 끼기도]하고 울리기도 했다.
③ 무엇에 홀렸는지 넋이[넉씨] 다 나간 모습이었지.
④ 무릎과[무릅꽈] 무릎을 맞대고 협상을 계속한다.

5 다음 중 밑줄 친 부분의 맞춤법 표기가 바른 것은?

① 벌레 한 마리 때문에 학생들이 <u>법썩</u>을 떨었다.
② <u>실낱같은</u> 희망을 버리지 않고 있다.
③ <u>오뚜기</u> 정신으로 위기를 헤쳐 나가야지.
④ <u>더우기</u> 몹시 무더운 초여름 날씨를 예상한다.

6 띄어쓰기를 포함하여 맞춤법이 모두 옳은 것은?

① 그는∨가만히∨있다가∨모임에∨온∨지∨두∨시간∨만에∨돌아가∨버렸다.
② 옆집∨김씨∨말로는∨개펄이∨좋다는데∨우리도∨언제∨한∨번∨같이∨갑시다.
③ 그가∨이렇게∨늦어지는∨걸∨보니∨무슨∨큰∨일이∨난∨게∨틀림∨없다.
④ 하늘이∨뚫린∨것인지∨몇∨날∨몇∨일을∨기다려도∨비는∨그치지∨않았다.

7 밑줄 친 단어 중 우리말의 어문 규정에 따라 맞게 쓴 것은?

① 윗층에 가 보니 깨끗이 정리된 방이 하나 있었다.

② 뒷편에 정말 오래된 감나무가 서 있다.

③ 익숙지 않은 일이었는지 그는 계속 말을 더듬었다.

④ 생각컨대, 그 대답은 옳지 않을 듯하다.

8 외래어 표기가 모두 옳은 것은?

① 뷔페 – 초콜렛 – 컬러

② 컨셉 – 서비스 – 윈도

③ 파이팅 – 악세사리 – 리더십

④ 플래카드 – 로봇 – 캐럴

9 다음 밑줄 친 단어와 동일한 의미로 쓰인 것은?

> 충신이 반역죄를 <u>쓰고</u> 감옥에 갔혔다.

① 밖에 비가 오니 우산을 <u>쓰고</u> 가거라.

② 광부들이 온몸에 석탄가루를 까맣게 <u>쓰고</u> 일을 한다.

③ 그는 마른 체격에 테가 굵은 안경을 <u>썼고</u> 갸름한 얼굴이다.

④ 뇌물 수수 혐의를 <u>쓴</u> 정치인은 결백을 주장했다

10 로마자 표기법에 관한 다음 규정이 바르게 적용된 것은?

> 체언에서 'ㄱ, ㄷ, ㅂ' 뒤에 'ㅎ'이 따를 때에는 'ㅎ'을 밝혀 적는다.

① 좋고(joho)

② 맞히다(machida)

③ 집현전(Jiphyeonjeon)

④ 놓다(nohta)

11 다음 중 단어의 의미가 옳지 않은 것은?

① 동티 : 땅, 돌, 나무 따위를 잘못 건드려 지신(地神)을 화 나게 하여 재앙을 받는 일. 또는 그 재앙.

② 뒤넘스럽다 : 주제넘게 행동하여 건방진 데가 있다.

③ 이골 : 아주 길이 들어서 몸에 푹 밴 버릇.

④ 덜퍽지다 : 침착하지 못하고 자꾸 거볍게 행동하다.

12 다음 중 밑줄 친 단어의 의미가 다른 것은?

① 독에 가득 <u>찬</u> 물이 한순간에 사라졌다.

② 의사 선생님은 <u>찬</u> 음식을 가장 조심하라고 말했다.

③ 출퇴근 시간만 되면 버스에 사람이 가득 <u>찼다</u>.

④ 주차장이 가득 <u>차서</u> 더 이상 주차할 곳이 없다.

13 다음 제시된 어구 풀이의 의미와 가장 잘 부합되는 어휘는?

> 몹시 어수선하고 쓸쓸하다.

① 스산하다   ② 음울하다
③ 청승맞다   ④ 오롯하다

14 다음 중 어문 규정에 어긋난 것을 모두 고른 것은?

㉠ 먼발치기	㉡ 며느리발톱
㉢ 다시마자반	㉣ 새앙손이
㉤ 쌍동밤	㉥ 부지팽이

① ㉠㉡㉢   ② ㉠㉢㉥
③ ㉡㉢㉥   ④ ㉡㉣㉤

15 밑줄 친 상황과 어울리는 관용 표현으로 가장 적절한 것은?

> 석호는 미영이가 만든 케이크를 다 먹어 놓고서는 미영이가 케이크를 찾는 걸 보고도 <u>모르는 척한다.</u>

① 입이 밭다.
② 시치미를 떼다.
③ 발 벗고 나서다.
④ 눈코 뜰 사이 없다.

16 다음 중 초성(자음)의 기본자가 아닌 것은?

① ㄱ   ② ㅁ
③ ㅇ   ④ ㅎ

17 다음 중 사성법에 대한 설명으로 옳지 않은 것은?

① 상성은 현대국어의 장음과 관련이 있다.
② 거성은 높고 짧은 소리를 의미한다.
③ 국어의 사성법은 임진란 이후 소멸했다.
④ 평성은 높고 낮음을 표시하는 방점 하나를 찍는다.

18 〈보기〉에서 중세 국어의 특징을 모두 고른 것은?

> 〈보기〉
> ㉠ 'ㅐ, ㅔ'는 이중 모음으로 발음되었다.
> ㉡ 이어 적기 방식이 일반적으로 사용되었다.
> ㉢ 받침에는 주로 7개의 글자만 적도록 하였다.
> ㉣ 중국어, 몽골어, 여진어에서 온 외래어가 존재했다.

① ㉠, ㉡   ② ㉠, ㉢
③ ㉠, ㉡, ㉢   ④ ㉠, ㉡, ㉣

19 다음 중 초현실주의 작가와 작품을 바르게 연결한 것은?

① 이상(李箱)의 「날개」
② 김동인의 「배따라기」
③ 현진건의 「운수 좋은 날」
④ 염상섭의 「표본실의 청개구리」

20 (   ) 안에 들어갈 문헌은?

> 세종 당시에 한글의 창제와 사용은 한자와 한문의 지위에 별다른 영향을 끼치지 않았다. 세종 또한 한 번도 한자와 한문의 권위를 부정한 적이 없었다. 세종은 도리어 중국 운서의 체계에 맞지 않는 조선 한자음을 바로잡으려는 의도 아래 (   )을(를) 편찬하도록 명하였다.

① 동국정운(東國正韻)
② 홍무정운(洪武正韻)
③ 훈몽자회(訓蒙字會)
④ 사성통해(四聲通解)

21 소설의 특징에 대한 다음 설명 중 옳지 않은 것은?

① 역사 소설은 역사적 사실의 기록이다.
② 개연성 있는 사건을 제시하여 감동을 준다.
③ 모든 소설은 작가가 꾸며낸 가공의 세계이다.
④ 예술미와 형식미를 지닌 창조적인 언어 예술이다.

22 다음 중 고대가요와 수록된 문헌의 연결이 바르지 않은 것은?

① 황조가 – 삼국사기
② 구지가 – 삼국유사
③ 정읍사 – 삼국유사
④ 공무도하가 – 해동역사

23 다음 중 고려 가요(속요)에 대한 설명으로 옳지 않은 것은?

① 고려 시대 평민들이 부르던 민요적 시가이다.
② 「악학궤범」, 「악장가사」 등에 전하고 있다.
③ 구전되다가 조선 초에 훈민정음으로 기록되었다.
④ 작품으로 「서경별곡」, 「가시리」, 「한림별곡」 등이 있다.

24 다음 중 「금오신화」에 대한 설명으로 옳지 않은 것은?

① 한문으로 된 전기체 작품이다.
② 주인공들이 모두 중국 출신이다.
③ 우리나라 최초의 한문 소설이다.
④ 일상적 현실과 거리가 먼 신비로운 내용을 그렸다.

25 다음 한자의 음이 모두 옳은 것은?

① 膏肓(고망), 分別(분별)
② 錯誤(착오), 誘惑(수혹)
③ 暴惡(포악), 看過(간고)
④ 傀儡(괴뢰), 遝至(답지)

[제2과목] 일반상식

1 하나의 물건을 갖게 되면 그것에 어울리는 다른 물건들을 계속 구매하게 되는 현상은?

① 디드로 효과　　　　② 캘린더 효과

③ 채찍 효과　　　　　④ 쿠퍼 효과

2 은행의 예금 지급 불능 상태를 우려한 고객들이 대규모로 예금을 인출하는 사태를 무엇이라고 하는가?

① 전대차관　　　　　② 워크아웃

③ 뱅크런　　　　　　④ 빅딜

3 미국이 '블랙 먼데이'를 겪으면서 도입한 제도로, 주가지수의 등락폭이 커질 경우에 주식매매를 일시적으로 중단시키는 제도는?

① 서킷 브레이커　　　② 섀도 보팅

③ 공개매수(TOB)　　　④ 사이드 카

4 경기침체 시 물가가 급속히 하락하고 화폐량의 실질가치가 증가하여 민간의 부(Wealth)가 증가하고 소비 및 총수요가 증대되는 효과를 무엇이라 하는가?

① 전시 효과　　　　　② 톱니 효과

③ 피구 효과　　　　　④ 속물 효과

5 다음 중 연결이 옳지 않은 것은?

① 정크본드 – 열등채　　② 헤지펀드 – 퀀텀펀드

③ 벌처펀드 – 부실기업　④ 뮤추얼펀드 – 역외펀드

6 다음 중 화성탐사 로버로 옳은 것은?

① 퍼서비어런스

② 메타버스

③ 보이저 2호

④ 파이오니어 10호

7 다음 중 페르시아 만 연안 국가에서 생산되는 석유의 중요한 반출로이며, 우리나라의 원유 수입량에 전략적이거나 경제적으로 매우 중요한 요충지인 항로는?

① 아덴만

② 호르무즈해협

③ 베링해협

④ 마젤란 해협

8 미국 대학에서 시행하는 소수 인종들을 배려한 인종 간 차등 합격기준으로, 우수한 아시아인들에게는 불리하게 작용하지만 평등이라는 관점에서 점점 확대되는 경향을 보이는 입시제도는?

① 디아스포라

② 어퍼머티브 액션

③ 홀로코스트

④ 블라인드 채용

9 블랭킷 에어리어(Blanket Area)란?

① 송수신 자유 지역

② 수신범위가 넓은 지역

③ 방송 난시청지역

④ 잡음이 전혀 없는 지역

10 아르누보에 대한 설명으로 옳은 것은?

① 19세기 말 최고조에 달했던 서정성이 강한 예술의 표현운동이다.

② 세상에 실망하여 염세적이고 비관적인 주의를 말한다.

③ 전통적인 기법이나 제재를 타파하고 새로운 것을 찾자는 초현실주의 예술운동이다.

④ 프랑스에서 아카데미즘에 반대하는 화가들에 의해 개최되어 온 자유출품제로, 심사도 시상도 하지 않는 미술전람회를 말한다.

11 인터넷의 발달로 UCC 등을 통하여 한류 열풍이 일어나는 등의 문화현상을 가장 잘 나타낸 용어는?

① 문화전파

② 문화개혁

③ 문화지체

④ 문화공존

12 선거구를 특정 정당이나 후보자에게 유리하게 인위적으로 획정하는 것은?

① 페이스메이커

② 캐스팅보트

③ 로그롤링

④ 게리맨더링

13 자동차-휘발유, 석탄-석유의 관계를 나타내는 용어로 옳게 짝지어진 것은?

① 독립재, 열등재

② 보완재, 대체재

③ 독립재, 보완재

④ 기펜재, 열등재

14 다음 중 후기 도시화의 과정에 해당하는 내용은?

① 공업도시의 형성

② 이촌향도 현상

③ 도시로의 인구 집중

④ 도시적 생활양식의 농촌 파급

15 계획경제의 특징으로 옳지 않은 것은?

① 사유재산의 원칙적 부정

② 생산수단의 국유화

③ 중앙계획기구에 의한 계획 및 결정

④ 영리추구의 허용

16 다음은 두 종류의 세금을 대비시킨 것이다. 정부가 세금제도를 ㉡ 중심에서 ㉠ 중심으로 개편했을 때 예상되는 결과로 적절한 것은?

구분	부과기준	세율 적용	종류
㉠	소득원천	누진세율 적용	소득세, 상속세 등
㉡	소비지출	비례세율 적용	부가가치세, 특별소비세 등

① 물가상승이 우려된다.

② 조세저항이 줄어든다.

③ 소득의 불균형을 완화시킨다.

④ 상류층에게 유리하게 적용한다.

17 행정상 손해배상과 손실보상 제도에 대한 설명으로 옳지 않은 것은?

① 공무원의 직무상 불법행위로 인해 발생한 손해에 대해서는 행정상 손해배상을 청구할 수 있으며, 그 손해에 대한 입증책임은 그것을 주장하는 피해자가 부담한다.

② 행정상 손해배상은 공무원의 직무상 행위로 인해 손해를 받은 국민이 정당한 배상을 국가 또는 공공단체에 청구할 수 있는 제도이므로 해당 공무원에게는 책임을 묻지 않는다.

③ 행정상 손실보상은 적법한 행정작용에 의하여 개인에게 가해진 재산상의 손실을 보상해 주는 제도로서, 공공의 필요에 의한 재산권의 수용, 사용, 제한으로 인해 개인에게 '특별한 희생'이 발생했을 경우에 성립된다.

④ 행정상 손해배상은 행위자의 책임에 입각한 '과실 책임주의'를 이념으로 하고 있는 데 비해, 행정상 손실보상은 공평 부담의 원칙에 기초한 '무과실 책임주의'를 이념으로 하고 있다.

18 다음 글에 해당하는 왕의 정책으로 옳은 것은?

> • 처음으로 소를 이용한 밭갈이가 시작되었다.
> • 국호를 한자식 표현인 '신라'로 바꾸었다.

① 우산국을 복속시켜 영토로 편입하였다.
② 왕호를 이사금에서 마립간으로 바꾸었다.
③ 이차돈의 순교를 계기로 불교를 공인하였다.
④ 고령의 대가야를 정복하여 낙동강 유역을 확보하였다.

19 발해의 대외관계에 대한 설명으로 옳지 않은 것은?

① 당과 신라를 견제하기 위해 돌궐과 외교관계를 맺기도 하였다.

② 일본과는 서경 압록부를 통해 여러 차례 사신이 왕래하였다.

③ 당에 유학생을 보냈는데 빈공과에 급제한 사람이 여러 명 나왔다.

④ 일본은 발해에 보낸 국서에서 발해왕을 '고려왕'으로 표현하기도 하였다.

20 다음과 관련된 운동에 대하여 옳게 설명한 것은?

> • 공·사채를 물론하고 기왕의 것은 무효로 한다.
> • 노비문서를 소각한다.
> • 7종의 천인 차별을 개선하고 백정이 쓰는 평량갓을 없앤다.
> • 왜와 내통한 자는 엄징한다.
> • 토지는 평균하여 분작한다.

① 처음부터 대대적인 정치적 투쟁의 성격을 띠었다.
② 반봉건·반침략적 성격을 띠었다.
③ 반외세적 성격을 띠어 집권세력의 전폭적인 지지를 얻어 성공하였다.
④ 개혁의 급진성으로 인하여 아무런 영향을 끼치지 못하였다.

21 다음의 조선시대 수취체제에 관한 설명 중 옳은 것끼리 묶은 것은?

> ㉠ 방납업자는 농민으로부터 실제 책정된 공납의 3~4배를 받았다.
> ㉡ 공납의 폐단을 개혁하기 위해 대공수미법이 제안되었다.
> ㉢ 환곡은 상평창이 담당하였고 구휼을 목적으로 하여 실제 농민들의 부담을 덜어 주었다.
> ㉣ 군역이 요역화되면서 농민들의 부담은 줄어들었고, 담당자 확보도 수월해졌다.
> ㉤ 군역은 보법→대립제→방군수포제→균역법의 순으로 변천하였다.

① ㉠㉡　　　　　　　② ㉠㉤
③ ㉡㉣　　　　　　　④ ㉢㉣

22 다음 제도와 동일한 의도로 시행된 정책은?

> 이 제도는 고구려 고국천왕(故國川王) 때의 빈민구제책으로써 춘궁기에 국가가 농민에게 양곡을 대여해 주었다가 수확기에 갚도록 한 제도이다. 음력 3~7월까지 관곡(官穀)을 풀어 가구(家口)의 많고 적음에 따라 대여하였다가 10월에 갚도록 하였다.

① 칠재　　　　　　② 양현고
③ 의창　　　　　　④ 향도

23 다음 각 실학자들의 주장 내용이 잘못 연결된 것은?

① 박지원 : 《양반전》을 저술하여 양반 중심 문벌제도의 비생산성을 비판하였다.
② 유득공 : 《금석과안록》을 지어 북한산비가 진흥왕 순수비임을 밝혔다.
③ 유형원 : 자영농 육성을 위한 토지제도의 개혁안으로 균전론을 주장하였다.
④ 정약용 : 실학을 집대성하였으며 토지제도 개혁론으로 여전론과 정전제 등을 주장하였다.

24 다음 선언과 관련된 단체에 대한 설명으로 옳은 것은?

> 공평은 사회의 근본이고 애정인 인류의 본령이다. 그런 고로 우리들은 계급을 타파하고 모욕적 칭호를 폐지하여 교육을 장려하며 우리도 참다운 인간이 되는 것을 기하고자 한다.

① 어린이날을 제정하고 《어린이》 잡지를 발간하였다.
② 조선공산당을 중심으로 사회주의 운동을 전개하였다.
③ 백정의 평등한 대우를 요구하는 형평운동을 일으켰다.
④ 정치적 · 경제적 각성을 촉구하며 기회주의를 배격하였다.

25 다음 자료와 관련된 설명으로 옳은 것은?

> 남과 북은 분단된 조국의 평화적 통일을 염원하는 온 겨레의 뜻에 따라, 7·4 남북 공동 성명에서 천명된 조국 통일 3대 원칙을 재확인하고, 정치·군사적 대결 상태를 해소하여 민족적 화해를 이룩하고, 무력에 대한 침략과 충돌을 막고 긴장 완화와 평화를 보장하며 다각적인 교류·협력을 실현하여 민족 공동의 이익과 번영을 도모하여 쌍방 사이의 관계가 나라와 나라 사이의 관계가 아닌 통일을 지향하는 과정에서 잠정적으로 형성되는 특수 관계라는 것을 인정하고 평화통일을 성취하기 위한 공동의 노력을 경주할 것을 다짐하면서 다음과 같이 합의하였다.

① 최초로 남북한 정상이 만나 합의한 공동 선언문이다.
② 남북한 동시 유엔 가입 등 화해 분위기가 배경이 되었다.
③ 남북조절위원회를 구성하고 직통 전화를 가설하기로 하였다.
④ 경의선 철도 복원 사업을 결정하는 계기가 되었다.

세종특별자치시교육청 교육공무직원 답안지

절 취 선

성명

제1과목						제2과목					
1	① ② ③ ④	16	① ② ③ ④			1	① ② ③ ④	21	① ② ③ ④		
2	① ② ③ ④	17	① ② ③ ④			2	① ② ③ ④	22	① ② ③ ④		
3	① ② ③ ④	18	① ② ③ ④			3	① ② ③ ④	23	① ② ③ ④		
4	① ② ③ ④	19	① ② ③ ④			4	① ② ③ ④	24	① ② ③ ④		
5	① ② ③ ④	20	① ② ③ ④			5	① ② ③ ④	25	① ② ③ ④		
6	① ② ③ ④	21	① ② ③ ④			6	① ② ③ ④	21	① ② ③ ④		
7	① ② ③ ④	22	① ② ③ ④			7	① ② ③ ④	22	① ② ③ ④		
8	① ② ③ ④	23	① ② ③ ④			8	① ② ③ ④	23	① ② ③ ④		
9	① ② ③ ④	24	① ② ③ ④			9	① ② ③ ④	24	① ② ③ ④		
10	① ② ③ ④	25	① ② ③ ④			10	① ② ③ ④	25	① ② ③ ④		
11	① ② ③ ④					11	① ② ③ ④				
12	① ② ③ ④					12	① ② ③ ④				
13	① ② ③ ④					13	① ② ③ ④				
14	① ② ③ ④					14	① ② ③ ④				
15	① ② ③ ④					15	① ② ③ ④				

생년월일

⓪	⓪	⓪	⓪	⓪	⓪
①	①	①	①	①	①
②	②	②	②	②	②
③	③	③	③	③	③
④	④	④	④	④	④
⑤	⑤	⑤	⑤	⑤	⑤
⑥	⑥	⑥	⑥	⑥	⑥
⑦	⑦	⑦	⑦	⑦	⑦
⑧	⑧	⑧	⑧	⑧	⑧
⑨	⑨	⑨	⑨	⑨	⑨

세종특별자치시교육청
교육공무직원

제3회 모의고사

성명		생년월일	
문제 수(배점)	50문항	풀이시간	/ 50분
영역	필기시험		
비고	객관식 4지선다형		

- 문제지 및 답안지의 해당란에 문제유형, 성명, 응시번호를 정확히 기재하세요.
- 모든 기재 및 표기사항은 "컴퓨터용 흑색 수성 사인펜"만 사용합니다.
- 예비 마킹은 중복 답안으로 판독될 수 있습니다.

[제1과목] 국어

1 어문 규정에 모두 맞게 표기된 문장은?

① 휴계실 안이 너무 시끄러웠다.
② 오늘은 웬지 기분이 좋습니다.
③ 밤을 세워 시험공부를 했습니다.
④ 아까는 어찌나 배가 고프던지 아무 생각도 안 나더라.

2 다음 중 반의 관계의 성격이 다른 하나는?

① 스승 – 제자
② 위 – 아래
③ 남자 – 여자
④ 남편 – 아내

3 다음 제시된 문장의 밑줄 친 어휘와 같은 의미로 사용된 것은?

> 준이는 어딜 가나 편을 <u>갈라</u> 자기편을 확보했다.

① 먼저 입장권을 받은 사람과 그렇지 못한 사람으로 <u>갈랐다</u>.
② 그가 물을 <u>가르며</u> 질주하자 환호성이 쏟아졌다.
③ 고래의 배를 <u>가르는</u> 일은 베테랑들만 할 수 있는 일이었다.
④ 허공을 <u>가르는</u> 그의 화살이 팀의 승리를 이끌었다.

4 다음 중 복수 표준어가 아닌 것은?

① 신 / 신발
② 우레소리 / 천둥소리
③ 생 / 새앙 / 생강
④ 살쾡이 / 삵

5 다음 중 띄어쓰기가 옳은 문장은?

① 같은 값이면 좀더 큰것을 달라고 해라.
② 나는 친구가 많기는 하지만 우리 집이 큰지 작은지를 아는 사람은 철수 뿐이다.
③ 진수는 마음 가는 대로 길을 떠났지만 집을 떠난지 열흘이 지나서는 갈 곳마저 없었다.
④ 경진은 애 쓴만큼 돈을 받고 싶었지만 주위에서는 그의 노력을 인정해 주지 않았다.

6 다음 문장의 빈칸에 들어갈 수 있는 단어가 아닌 것을 고르시오.

> • 다국의 이해관계가 얽힌 일은 (   )하기가 어렵다.
> • 비행기 연착으로 인해 주말 아침에 귀국하려던 (   )에 차질이 생겼다.
> • 그의 의견은 비현실적인 (   )에 불과했다.

① 구상
② 예측
③ 관측
④ 계획

7 외래어 표기가 모두 옳은 것은?

① 글래스 – 초콜렛 – 슈퍼마켓

② 스프(soup) – 서비스 – 리더십

③ 화이팅 – 액세서리 – 윈도

④ 재킷 – 팸플릿 – 티켓

8 밑줄 친 말 중 맞춤법에 어긋난 것은?

① 집은 허름하지만 아까 본 집보다 가격이 <u>만만찮다</u>.

② 그는 밥을 몇 <u>숟가락</u> 뜨다가 밥상을 물렸다.

③ 청소한 것 치고는 그다지 <u>깨끗지</u> 않았다.

④ <u>넉넉지</u> 못했지만 학교 다니고 생활하는 데는 별 어려움이 없었다.

9 밑줄 친 단어의 쓰임이 적절한 것은?

① 흙덩이를 잘게 <u>부신</u> 후 가져가세요.

② 그릇과 그릇이 <u>부딪치는</u> 소리가 요란했다.

③ 이 파이프는 굵기가 너무 <u>얇아서</u> 안 되겠다.

④ 쏟아지는 뜨거운 눈물을 <u>겉잡을</u> 수가 없었다.

10 사이시옷의 쓰임이 옳지 않은 것으로만 묶인 것은?

① 뒷편, 장맛비, 양칫물

② 장미빛, 갯수, 뒷처리

③ 세뱃돈, 수돗물, 등굣길

④ 인삿말, 북어국, 최댓값

11 다음 밑줄 친 단어의 의미가 나머지와 다른 것은?

① 우물이 다 <u>말랐는지</u> 모래만 한 바가지 나왔다.

② 비오는 날에는 빨래를 잘 <u>말릴</u> 수 없었다.

③ 나무에서 잎들이 누렇게 <u>말라</u> 하나 둘씩 떨어졌다.

④ 가지 말라고 <u>말리는</u> 것도 한 두 번이지.

12 다음 중 비통사적 합성어로만 묶인 것은?

① 굳은살, 어린이, 날아오르다

② 덮밥, 오르내리다, 부슬비

③ 눈사람, 짙푸르다, 열쇠

④ 새빨갛다, 열쇠, 감발

13 다음 중 단어의 의미가 옳지 않은 것은?

① 을러대다 : 위협적인 언동으로 을러서 남을 억누르다.

② 어름 : 두 사물의 끝이 맞닿은 자리.

③ 황소바람 : 넓은 광장에 거세게 부는 바람

④ 반추 : 어떤 일을 되풀이하여 음미하거나 생각함. 또는 그런 일.

14 다음 중 발음이 옳지 않은 것은?

① 어른들이 계시는[계: 시는] 곳에서는 항상 언행을 조심해라.

② 문서를 작성하기 전에 먼저 주의[주이] 할 것들을 먼저 읽어보았다.

③ 젊어서는 국밥[국빱] 한 그릇 사먹기가 어려웠다.

④ 낮게 읊조리는[읍조리는] 그의 목소리가 마치 저승사자 같았다.

15 다음 중 로마자 표기가 옳은 것은?

① 압구정 – Apggujeong
② 한라산 – Hallasan
③ 속리산 – Songrisan
④ 경복궁 – Gyeongbokggung

16 다음 중 훈민정음 창제 당시의 기본 28자가 아닌 것은?

① ㅸ
② ㆁ
③ ㅿ
④ ㆆ

17 다음 중 소실 문자 중 가장 늦게 없어진 것은?

① ㆆ
② ㆁ
③ ㆍ
④ ㅿ

18 고어 중 그 뜻의 연결이 옳은 것은?

① 말 : 馬
② 물 : 물(水)
③ ㅎ다 : 많다
④ 마히 : 장마

19 중세 국어의 음운상의 특징에 해당하지 않는 것은?

① 된소리가 존재했다.
② 어두 자음군이 있었다.
③ 모음조화 현상이 잘 지켜졌다.
④ 원순 모음화와 구개음화가 진행되었다.

20 다음 설명과 관계 있는 작품은?

> 이 작품은 식민지 체제 아래에서 한 집안이 어떻게 몰락하고, 당대의 청년들이 어떤 의식을 지녔는가를 사실적으로 파헤친 작품이다. 이를 통해 독자들은 사회적 변동 속에서 세대교체의 실상을 분명하게 느낄 수 있다.

① 김동인의 「감자」
② 염상섭의 「삼대」
③ 윤흥길의 「장마」
④ 주요섭의 「사랑 손님과 어머니」

21 「공무도하가」에 대한 다음 설명 중 옳지 않은 것은?

① 지은이는 곽리자고의 아내 여옥이다.
② 원래 중국의 노래였다고 주장하는 학자도 있다.
③ 조선 정조 때 한치윤의 「해동역사」에 그 설화가 전한다.
④ '공무도하'의 구절은 '임이시여, 강을 건너지 마오'라고 번역할 수 있다.

22 성격상 가장 이질적인 것은?

① 가시리
② 한림별곡
③ 청산별곡
④ 서경별곡

23 다음 중 어머니의 지극한 사랑을 칭송하고 있는 일명 '엇노리'라고 하는 고려 가요는?

① 사모곡
② 정석가
③ 정읍사
④ 청산별곡

24 다음 중 한자의 독음이 바르지 못한 것이 들어 있는 것은?

① 交易(교역), 葛藤(갈등)
② 隘路(애로), 桎梏(질곡)
③ 悅樂(열락), 忖度(촌탁)
④ 遊說(유설), 邁進(매진)

25 다음의 속담에서 공통적으로 내포하고 있는 것은?

> ㉠ 초록은 동색(同色)이라
> ㉡ 바늘 가는데 실 간다.
> ㉢ 도둑질도 손발이 맞아야 한다.
> ㉣ 열 길 물 속은 알아도 한 길 사람의 속은 모른다.
> ㉤ 며느리가 미우면 발뒤축이 달걀 같다고 나무란다.

① 사람사이의 관계
② 사람의 능력
③ 신중한 말과 행동
④ 예의 바른 행동

[제2과목] 일반상식

1 기업이 인건비 등 각종 비용 절감을 이유로 해외로 진출했다가 다시 본국으로 돌아오는 것은?

① 리쇼어링
② 니어쇼어링
③ 오프쇼어링
④ 프렌드쇼어링

2 다음 중 알트코인에 해당하는 것을 모두 고르면?

> ㉠ 이더리움
> ㉡ 비트코인
> ㉢ 리플
> ㉣ 라이트코인

① ㉠㉡
② ㉢㉣
③ ㉠㉢㉣
④ ㉠㉡㉢㉣

3 다음이 설명하는 것으로 옳은 것은?

> 2006년부터 전 세계 기아 현황을 파악·발표하고 있으며 전 세계에서 2030년까지 제로 헝거 즉, 기아로 고통 받는 사람이 단 한 명도 없도록 하는 것을 목표로 하고 있다.

① GHI
② IPC 척도
③ FAO
④ IFPRI

4 〈보기〉의 상황과 관련된 용어는?

> 〈보기〉
> 甲은 자신의 전공분야인 IT 관련 업무능력이 매우 뛰어나다. 하지만 자신이 담당한 업무 외에는 문외한이라 기본적인 문제해결에서도 어려움을 겪는다.

① 스티그마 효과
② 피그말리온 효과
③ 낭떠러지 효과
④ 나비효과

5 악화가 양화를 구축한다는 이론은 무엇인가?

① 엥겔의 법칙
② 그레셤의 법칙
③ 기술혁신
④ 비교우위론

6 양자 컴퓨터에서 정보의 기본 단위로 사용되는 것은 무엇인가?

① 비트 (Bit)
② 큐비트 (Qubit)
③ 바이트 (Byte)
④ 트랜지스터 (Transistor)

7 다음 중 우리나라에 최초로 놓인 철도는?

① 호남선
② 경인선
③ 경부선
④ 중앙선

8 다음 중 이슬람세계의 가장 중요한 정치 및 사회운동의 정파로 이슬람교의 경전인 코란보다 왕권과 신의 결합개념인 '이맘'의 권위가 우선한다고 여기는 분파는?

① 수니파(Sunni)
② 와하브파(Wahhab)
③ 무타질라파(Mutazila)
④ 시아파(Shia)

9 다음 설명으로 옳은 것은?

> 원래는 기상 상태를 관측하기 위해 띄우는 시험기구나 관측기구를 뜻하지만, 의미를 확장해 시험적으로 특정 정보를 언론에 흘려 여론의 동향을 탐색하는 수단으로 쓰이기도 한다.

① 발롱데세
② 브레인 포그
③ 임픈나이트
④ 메그시트

10 다음 내용이 가리키는 영화용어는?

> 이것은 연극에서 빌려온 용어로 화면의 배경, 인물, 인물의 분장, 의상, 배치 등을 연출하는 작업을 말한다.

① 셋업(Set Up)
② 미장센(Mise en scene)
③ 시주라(Caesura)
④ 콘티뉴이티(Continuity)

11 사회적 소수자에 대한 설명으로 옳지 않은 것은?

① 신체적 또는 문화적 특성으로 인해 자기가 사는 사회의 다른 구성원으로부터 구분되어 불평등한 처우와 차별을 받는다.
② 정치 · 경제 · 사회적 권력에서 열세에 있거나 자원 동원 능력이 뒤처진다.
③ 사회적 지위에 기초하여 결정되기보다는 사회에서의 수에 의해 결정된다.
④ 자신이 차별을 받는 소수자 집단에 속한다는 소속감을 가진다.

12 민법상 법률행위에 대한 설명으로 옳지 않은 것은?

① 미성년자는 독자적으로 유효한 법률행위를 할 수 없음이 원칙이다.
② 젖먹이, 만취자와 같은 의사무능력자의 법률행위는 무효이다.
③ 당연 무효인 법률행위는 처음부터 효과가 발생하지 않는다.
④ 취소할 수 있는 법률행위는 특정인이 취소할 때까지는 유효하고 그 이후부터 장래를 향하여 효력을 상실한다.

13 다음에서 제시하고 있는 우리나라의 사회보장제도에 대한 설명으로 옳지 않은 것은?

- 서비스 대상 : 65세 이상의 노인 또는 65세 미만의 노인성 질환자
- 서비스 내용 : 시설 급여, 재가 급여, 특별 현금 급여
- 보험료 징수 방법 : 건강보험료와 통합 징수

① 의료급여제도에 대한 설명으로 소득재분배 효과를 담보하고 있다.

② 가입자는 부양해야 할 노인이 없어도 부담액을 납부하여야 한다.

③ 국가와 지방자치단체의 노인부양책임을 강화하는 것을 목적으로 한다.

④ 가입자의 소득과 가입자 부담액은 양(+)의 상관관계가 있다.

14 헌법이 보장하는 신체의 자유에 대한 내용에 해당되지 않는 것은?

① 모든 국민은 형사상 자기에게 불리한 진술을 강요당하지 않는다.

② 누구든지 체포 또는 구속을 당한 때에는 적부의 심사를 법원에 청구할 권리를 가진다.

③ 타인의 범죄행위로 인해 생명·신체에 대한 피해를 받은 국민은 법률이 정하는 바에 의하여 국가로부터 구조를 받을 수 있다.

④ 정식재판에 있어서 피고인의 자백이 피고인에게 불리한 유일한 증거일 때에는 이를 유죄의 증거로 삼거나 이를 이유로 처벌할 수 없다.

15 다음과 같은 특성을 갖는 A, B, C, D시장에 대한 설명 중 옳은 것은?

구분	A	B	C	D
진입 장벽	없음	거의 없음	높음	매우 높음
경쟁 정도	← 경쟁이 심해짐 경쟁이 약해짐 →			

① A : 기업이 상품가격을 결정하는 시장이다.

② B : 상품 차별화가 이루어지는 시장이다.

③ C : 자원배분의 효율성이 가장 높은 시장이다.

④ D : 소비자 잉여가 가장 큰 시장이다.

16 경제 현상과 개념에 대한 설명으로 옳은 것을 모두 고른 것은?

㈎ 국내 총생산은 소비지출 + 투자지출 + 정부지출 + 수출로 계산할 수 있다.

㈏ 명목GDP는 생산량이 증가하는 경우뿐만 아니라 가격이 상승하는 경우에도 증가한다.

㈐ 더 나은 일자리를 찾거나 직장을 옮기는 직업 탐색 과정에서 발생하는 실업을 마찰적 실업이라고 하며 비자발적 실업에 속한다.

㈑ 명목 국내 총생산을 실질 국내 총생산으로 나눈 값에 100을 곱한 것을 GDP디플레이터라고 한다.

㈒ 경기침체와 통화의 가치가 지속적으로 떨어지는 현상이 동시에 나타나는 것을 디플레이션이라고 한다.

① ㈎, ㈑   ② ㈏, ㈑

③ ㈎, ㈐, ㈑   ④ ㈏, ㈐, ㈑

17 우리나라 구석기시대의 생활에 대한 설명으로 옳지 않은 것은?

① 동굴, 바위그늘에서 살거나 강가에 막집을 짓고 살았다.
② 동물의 뼈로 만든 뼈도구와 뗀석기를 도구로 사용하였다.
③ 유적으로는 상원의 검은 모루, 제천 창내, 공주 석장리 등이 있다.
④ 조, 피 등의 곡물을 반달돌칼로 이삭을 추수하는 등 농경을 발전시켰다.

18 밑줄 친 '이들'에 대한 설명으로 옳은 것은?

> 이들이 받은 교육 내용은 주로 서양의 말과 문장, 탄약 제조, 화약 제조, 제도, 전기, 소총 수리 등이었다. 그러나 이들 가운데에는 자질이 부족하여 교육에 어려움을 느끼다가 자퇴하는 사람들도 있었다.

① 갑신정변을 주도하였다.
② 일본에 파견되어 활동하였다.
③ 정부의 재정지원으로 외국에서 3년 간 교육을 받았다.
④ 이들의 활동을 계기로 근대적 병기공장인 기기창이 설치되었다.

19 다음 여러 왕대의 정책들과 정치적 목적이 가장 유사한 것은?

> ㉠ 신라 신문왕 – 문무 관리에게 관료전을 지급하고 녹읍을 폐지하였다.
> ㉡ 고려 광종 – 과거 제도를 시행하고 관리의 공복을 제정하였다.
> ㉢ 조선 태종 – 6조 직계제를 확립하고 사병을 혁파하였다.

① 집사부 시중보다 상대등의 권력을 강화하였다.
② 향약과 사창제를 실시하고 서원을 설립하였다.
③ 장용영을 설치하고 규장각을 확대 개편하였다.
④ 중방을 실질적인 최고 권력 기관으로 만들었다.

20 다음 내용을 통해 알 수 있는 사실은?

> 인종 4년(1126), 대부분의 신하들은 사대를 할 수 없다고 주장하였다. 이자겸과 척준경이 말하였다. "옛날에 금은 소국으로 거란과 우리를 섬겼다. 하지만 지금은 갑자기 강성해져서 거란과 송을 멸망시키고, 정치적 기반을 굳건히 함과 동시에 군사력을 강화하였다. 또 우리 영토가 맞닿아 있으므로 정세가 사대하지 않을 수 없게 되었다. 작은 나라가 큰 나라를 섬기는 것은 선왕의 법도이다. 마땅히 먼저 사신을 보내어 예를 닦는 것이 옳다." 인종이 이 건의를 받아들였다.
>
> −고려사절요−

① 묘청은 풍수지리에 입각하여 서경길지설을 주장하였다.
② 금의 침입에 대해 강감찬은 귀주대첩에서 승리하였다.
③ 금국은 평양에 안동도호부를 설치하고자 하였다.
④ 김부식은 금국정벌론을 주장하며 자주적 성격을 보였다.

21 다음에 나타난 공통된 정치현상과 같은 결과가 초래된 사실은?

> • 고려후기에는 권문세족들이 도평의사사를 중심으로 귀족연합적인 정치운영을 하였다.
> • 조선후기에는 정승과 판서, 유수, 군영대장, 대제학 등이 비변사에 모여 국정을 논의하였다.

① 신라 – 녹읍제가 부활되고 상대등의 권한이 강화되었다.
② 고려 – 과거제도와 노비안검법을 실시하고, 백관의 공복을 제정하였다.
③ 조선 – 탕평책을 실시하고 국왕이 병권을 장악하였다.
④ 대한제국 – 대한국 국제를 반포하고 전제군주국임을 표방하였다.

22 다음은 조선 초기 세종 때의 업적이다. 이와 직접적인 관련이 있는 조치로 볼 수 있는 것은?

> • 역법 계산을 위해 칠정산을 완성하였다.
> • 간의, 혼의 등 천체관측기구를 제작하였다.
> • 시각측정기구인 앙부일구, 자격루 등을 제작하였다.

① 산불을 낸 자는 중벌에 처하였다.

② 전지의 등급을 6등급으로 세분하였다.

③ 그 해의 풍흉에 따라 전세를 각각 달리하였다.

④ 농사철에 농민들을 부역에 동원하는 것을 법으로 금하였다.

24 한국의 독립과 관련된 회담내용으로 옳지 않은 것은?

① 모스크바 삼상회의(三相會議)에서 임시정부 수립과 신탁통치안을 결의하였다.

② 카이로 회담에서 미·영·중의 수뇌들은 적당한 절차를 거쳐 한국을 독립시킬 것을 처음으로 결의하였다.

③ 포츠담 회담에서 일본은 한국에 대한 모든 권리 및 청구권을 포기하였다.

④ 제2차 미·소공동위원회에서 한국의 신탁통치문제를 협의하였으나 결렬되고 말았다.

23 조선 후기 향촌사회의 질서변화에 대한 설명으로 가장 거리가 먼 것은?

① 새로운 세력인 부농층은 관권과 결탁하여 성장 기반을 굳건히 하면서 향안에 이름을 올리기도 하였다.

② 향촌사회에서 중앙의 관권이 강화되고 아울러 관권을 맡아보고 있던 향리의 역할이 커졌다.

③ 양반층은 향촌을 교화하고 사회질서를 확립하기 위해 향약·향사례·향음주례를 실시하기 시작하였다.

④ 양반의 이익을 대변하던 향회는 주로 수령이 세금을 부과할 때 물어보는 자문기구로 구실이 변하였다.

25 다음의 헤이그 밀사사건 이후에 전개된 사실은?

> 헤이그 특사 파견은 일본의 을사조약 체결 이후에 나타난 사건이다. 을사조약으로 일제에 의해 외교권을 박탈당한 고종은 이를 타개하기 위해 헤이그의 만국평화회의에 일제의 부당성을 알리기 위해 특사를 파견하였다. 하지만 이 일은 결국 실패하고 이후 이 일이 일본에 의해 발각되면서 여러 문제점이 나타나기 시작하였다.

① 고종은 일제의 위협을 피해 러시아 공사관으로 피신했다.

② 독립협회는 일제에 대항하여 이권수호운동을 전개하였다.

③ 일본은 경의선에 가담하여 철도부설권을 확보하게 되었다.

④ 해산된 군인이 의병에 합류하여 의병전력이 증대되었다.

세종특별자치시교육청 교육공무직원 답안지

성명	

제1과목

문번	① ② ③ ④	문번	① ② ③ ④
1	① ② ③ ④	16	① ② ③ ④
2	① ② ③ ④	17	① ② ③ ④
3	① ② ③ ④	18	① ② ③ ④
4	① ② ③ ④	19	① ② ③ ④
5	① ② ③ ④	20	① ② ③ ④
6	① ② ③ ④	21	① ② ③ ④
7	① ② ③ ④	22	① ② ③ ④
8	① ② ③ ④	23	① ② ③ ④
9	① ② ③ ④	24	① ② ③ ④
10	① ② ③ ④	25	① ② ③ ④
11	① ② ③ ④		
12	① ② ③ ④		
13	① ② ③ ④		
14	① ② ③ ④		
15	① ② ③ ④		

제2과목

문번	① ② ③ ④	문번	① ② ③ ④
1	① ② ③ ④	21	① ② ③ ④
2	① ② ③ ④	22	① ② ③ ④
3	① ② ③ ④	23	① ② ③ ④
4	① ② ③ ④	24	① ② ③ ④
5	① ② ③ ④	25	① ② ③ ④
6	① ② ③ ④	21	① ② ③ ④
7	① ② ③ ④	22	① ② ③ ④
8	① ② ③ ④	23	① ② ③ ④
9	① ② ③ ④	24	① ② ③ ④
10	① ② ③ ④	25	① ② ③ ④
11	① ② ③ ④		
12	① ② ③ ④		
13	① ② ③ ④		
14	① ② ③ ④		
15	① ② ③ ④		

생년월일

년		월	일	
⓪	⓪	⓪	⓪	⓪ ⓪
①	①	①	①	① ①
②	②	②	②	② ②
③	③	③	③	③ ③
④	④	④	④	④ ④
⑤	⑤	⑤	⑤	⑤ ⑤
⑥	⑥	⑥	⑥	⑥ ⑥
⑦	⑦	⑦	⑦	⑦ ⑦
⑧	⑧	⑧	⑧	⑧ ⑧
⑨	⑨	⑨	⑨	⑨ ⑨

세종특별자치시교육청
교육공무직원
제4회 모의고사

성명		생년월일	
문제 수(배점)	50문항	풀이시간	/ 50분
영역	필기시험		
비고	객관식 4지선다형		

- 문제지 및 답안지의 해당란에 문제유형, 성명, 응시번호를 정확히 기재하세요.
- 모든 기재 및 표기사항은 "컴퓨터용 흑색 수성 사인펜"만 사용합니다.
- 예비 마킹은 중복 답안으로 판독될 수 있습니다.

[제1과목] 국어

1 다음 밑줄 친 내용에 대한 예시로 옳지 않은 것은?

> 한글 맞춤법은 표준어를 <u>소리대로 적되</u>, 어법에 맞도록 함을 원칙으로 한다.

① 구름
② 하늘
③ 얽히고설키다
④ 놀다

2 다음 제시된 표준 발음법 규정에 관한 예시로 옳지 않은 것은?

> 제24항 : 어간 받침 'ㄴ(ㄵ), ㅁ(ㄻ)' 뒤에 결합되는 어미의 첫소리 'ㄱ, ㄷ, ㅅ, ㅈ'은 된소리로 발음한다.
> 다만, 피동, 사동의 접미사 '-기-'는 된소리로 발음하지 않는다.

① 껴안다[껴안따]
② 더듬지[더듬찌]
③ 얹다[언따]
④ 안기다[안끼다]

3 다음 중 단어의 형성방식이 같은 것으로만 묶인 것은?

① 꺾꽂이 - 빛나다 - 홑몸
② 빛나가다 - 헛웃음 - 겉늙다
③ 홑몸 - 헛웃음 - 짓이기다
④ 겉늙다 - 끝장 - 홑몸

4 다음 설명에 해당하는 단어는?

> 긴장이나 화가 풀려 마음이 가라앉다.

① 삭다
② 곰삭다
③ 소화하다
④ 일다

5 한글 맞춤법에 따라 바르게 표기된 것만 나열한 것은?

① 새까맣다 - 싯퍼렇다 - 샛노랗다
② 시뻘겋다 - 시허옇다 - 싯누렇다
③ 새퍼렇다 - 새빨갛다 - 샛노랗다
④ 시하얗다 - 시꺼멓다 - 싯누렇다

6 다음 중 띄어쓰기가 옳지 않은 것은?

① 이미 깨뜨려버린 걸 어쩌겠어.
② 아는 척하며 넘기는 것도 이번이 마지막이야.
③ 종이배는 떠내려 가 버리고 남은 건 아무것도 없었다.
④ 준이는 항상 선생님을 잘 도와 드린다.

7 다음 빈칸에 공통으로 들어 갈 수 있는 말은?

> • 학과별 (   ) 현황은 홈페이지에서 확인할 수 있다.
> • 그는 그 해 겨울 해병대에 (   )을 하기로 결심했다.
> • 농번기가 되면 군인들은 농가로 (   )에 나선다.

① 지원
② 자원
③ 공헌
④ 치중

8 다음 밑줄 친 부분과 문맥적 의미가 가장 가까운 것은?

> 그는 비가 쏟아지는 데도 운동을 가<u>겠</u>다고 했다.

① 네가 올 때쯤엔 영화가 끝나있<u>겠</u>지.
② 합주단의 공연이 있<u>겠</u>습니다.
③ 마지막엔 내가 먹<u>겠</u>어.
④ 네가 해주면 고맙<u>겠</u>어.

9 다음 중 발음이 옳은 것은?

① 그를 쫓다가[쫃다가] 지쳐 길바닥에 털썩 주저앉았다.
② 아이는 이불을 덮고[덥꼬] 베개는 안고서 잠이 들었다.
③ 밭갈이를[받가리를] 하느라 너도나도 정신이 없었다.
④ 맑게[막께] 핀 꽃 한 송이를 선물했다.

10 다음 중 통사적 합성어로만 묶인 것은?

① 접칼, 높푸르다, 척척박사
② 산들바람, 돌다리, 손발
③ 덮밥, 여닫다, 첫사랑
④ 첫사랑, 어린이, 재미있다

11 다음 중 단어의 의미가 옳지 않은 것은?

① 가멸다 : 재산이나 자원 따위가 부족하여 궁핍하다.
② 곰살궂다 : 태도나 성질이 부드럽고 친절하다.
③ 함치르르 : 깨끗하고 반지르르 윤이 나는 모양.
④ 드레드레 : 물건이 많이 매달려 있거나 늘어져 있는 모양.

12 〈보기〉에서 로마자 표기법에 따라 바르게 표기된 것만 모두 고른 것은?

> 〈보기〉
> ㉠ 월곶 – Wolgot ㉡ 벚꽃 – Beotkot
> ㉢ 순창 – Sunchang ㉣ 촉석루 – Chokseoknu
> ㉤ 안압지 – Anapjji ㉥ 무량수전 – Muryangsujeon

① ㉠㉡㉤
② ㉠㉢㉥
③ ㉡㉢㉤
④ ㉡㉣㉥

13 다음 밑줄 친 단어의 의미가 〈보기〉와 가장 유사한 것은?

> 〈보기〉
> 차형사는 안경 경첩에 있던 DNA를 증거로 <u>들었다</u>.

① 창으로 <u>드는</u> 햇살이 따스해 고양이는 기지개를 켰다.
② 예서의 말을 <u>들어보지도</u> 않고 방으로 들어갔다.
③ 선수는 야구공을 번쩍 <u>들어</u> 카메라 앞에 보였다.
④ 준기는 어떤 예를 <u>들어도</u> 이해하지 못했다.

14 다음 중 사이시옷의 표기가 옳지 않은 것은?

① 아랫마을의 소식은 예사일로 넘길 일이 아니었다.
② 셋방에 가서 맷돌을 꺼내오너라.
③ 햇볕이 좋아 그런지 냇가에 사람이 북적였다.
④ 댓가지를 한가득 이고 온 노인은 툇마루에 벌러덩 누워버렸다.

15 밑줄 친 단어의 쓰임이 적절하지 않은 것은?

① 강호는 한 번한 약속은 <u>반드시</u> 지키고 마는 사람이었다.

② 어깨에 우산을 <u>받히고</u> 양손에는 짐을 가득 들었다.

③ 두 사람은 전부터 <u>알음</u>이 있는 사이라 그런지 금방 친해졌다.

④ 정이도 <u>하노라고</u> 한 것인데 결과가 좋지 않아 속상했다.

16 다음에 제시된 외래어 표기가 모두 옳은 것은?

① 케이크, 컨텐츠, 쇼핑

② 지그재그, 브릿지, 주스

③ 로브스터, 스태프, 로봇

④ 스프, 마니아, 팸플릿

17 다음 제시된 글에서 사용된 설명 방법으로 적절한 것은?

> 영국에서는 예절과 배려의 가치를 매우 강조한다. 훌륭한 명문 사립학교일수록, 배려와 존중의 가치를 매우 중요하게 가르치며, 심지어 '베풀 줄 모르는 사람은 타인의 배려를 받을 자격이 없다'라는 속담도 있다.

① 묘사   ② 예시

③ 정의   ④ 인용

18 다음 중 '서르→서로'로 변한 것과 관계없는 음운 현상은?

① 믈→물

② 불휘→뿌리

③ 거붑→거북

④ 중싱→즘싱→즘승→짐승

19 다음 현상 중 일어난 시기가 **빠른** 순서대로 바르게 적은 것은?

> ㉠ 음의 완전 소실   ㉡ 치음 뒤 'ㅑ'의 단모음화
> ㉢ 초성글자 'ㆆ'의 소실   ㉣ 구개음화

① ㉠㉢㉡㉣   ② ㉡㉣㉢㉠

③ ㉢㉣㉠㉡   ④ ㉣㉠㉡㉢

20 다음 중 성조의 소멸로 그 역할을 대신하게 된 운소로 적절한 것은 ?

① 소리의 강약

② 소리의 길이

③ 억양

④ 문장의 종류

21 다음 중 소설과 비교한 희곡의 특징으로 옳지 않은 것은?

① 서술자의 개입이 없다.

② 등장인물의 수에 제한을 받는다.

③ 표현은 주로 대사로만 이루어진다.

④ 인물에 대한 직접적인 심리 분석이 가능하다.

22 다음 중 향가가 수록된 문헌을 바르게 짝지은 것은?

① 삼국유사, 균여전

② 악학궤범, 악장가사

③ 삼국사기, 삼대목

④ 시용향악보, 청구영언

23 다음 중 「한림별곡」에 대한 설명으로 옳지 않은 것은?

① 현존하는 최고(最古)의 경기체가이다.

② 가사문학에 영향을 주었다.

③ '위 경(景)긔 엇더하니잇고'라는 후렴구가 쓰였다.

④ 고려시대 서민들의 진솔한 정서를 표출하고 있다.

24 다음 사자성어와 관련 있는 속담으로 바른 것은?

桑田碧海

① 가마 밑이 노구솥 밑을 검다 한다.

② 십 년이면 강산도 변한다.

③ 사공이 많으면 배가 산으로 간다.

④ 하나를 듣고 열을 안다.

25 다음의 상황에 가장 어울리는 한자성어는?

> 김만중의 '사씨남정기'에서 사씨는 교씨의 모함을 받아 집에서 쫓겨난다. 사악한 교씨는 문객인 동청과 작당하여 남편인 유한림마저 모함한다. 그러나 결국은 교씨의 사악함이 만천하에 드러나고 유한림이 유배지에서 돌아오자 교씨는 처형되고 사씨는 누명을 벗고 다시 집으로 돌아오게 된다.

① 낭중지추   ② 만시지탄

③ 사필귀정   ④ 비육지탄

[제2과목] 일반상식

1 다음 중 넷카시즘과 관련이 없는 설명을 고르면?

① 마녀사냥   ② 대중지성

③ 소셜 네트워크   ④ 개인정보 유출

2 미국과 프랑스가 주창하는 노동운동으로 근로 조건을 국제적으로 표준화하려는 목적으로 추진되는 다자간 무역 협상은 무엇인가?

① 블루 라운드   ② 우루과이 라운드

③ 그린 라운드   ④ 기술 라운드

3 정체된 조직에 위협 요인이 투입되면 정체현상을 극복할 수 있다는 이론은?

① 넛지 효과   ② 루핑 효과

③ 메기 효과   ④ 나비 효과

4 다음 설명으로 옳은 것은?

> 사무실 근무를 벗어나 언제 어디서나 효율적으로 일할 수 있는 업무 개념을 말한다. 모바일 기기를 이용해 업무를 수행할 수 있는 모바일 오피스, 영상회의 시스템 등을 활용하는 원격근무, 재택근무 등이 포함된다.

① 워크셰어링

② 스마트워크

③ 코피스족

④ 퍼플잡

5 다음이 설명하는 별자리는?

> 끝으로 두 번째 별인 Mizar는 Alcor와 인접해 있으나 육안으로도 판별할 수 있다. 따라서 옛날 아라비아에서는 젊은이들을 군대에 징집할 때 이것을 시력검사에 이용하였다고 한다.

① 카시오페이아　　　② 큰곰자리

③ 작은곰자리　　　　④ 오리온자리

6 다음과 같은 내용을 특징으로 하는 것과 관련이 깊은 것은?

> 열대해양기단과 찬 대륙기단의 영향으로 여름철에는 비가 많고 고온다습하며 겨울철에는 춥고 맑은 날이 많으며 저온건조하다.

① 해양성 기후　　　　② 계절풍 기후

③ 대륙성 기후　　　　④ 열대우림 기후

7 기원전 5세기부터 기원전 4세기까지 그리스를 중심으로 활동했던 철학사상가이자 교사들을 무엇이라고 하는가?

① 탈무드
② 소피스트
③ 테아이테토스
④ 크리티아스

8 제도적·자의적 제한 및 안이한 취재·편집 경향으로 인해 취재방법이나 취재시간 등이 획일적이고 개성이 없는 저널리즘은 다음 중 어느 것인가?

① 팩저널리즘　　　　② 옐로저널리즘

③ 제록스저널리즘　　④ 포토저널리즘

9 16 ~ 18세기 바로크시대에 변성기를 거치지 않고 소프라노 목소리로 노래했던 거세된 성인남자 성악가를 무엇이라 불렀는가?

① 파리넬리　　　　　② 카운터테너

③ 카스트라토　　　　④ 테너

10 우리나라에서 제작한 국산 1호 구축함은?

① 광개토대왕함　　　② 이종무함

③ 김좌진함　　　　　④ 장보고함

11 대중 민주주의에 기여하게 된 선거제도로 옳은 것은?

> 근대에는 중소상공업자들이 정치세력의 주체였다. 현대는 정치세력의 주체가 표면적으로 대중으로 옮겨갔다. 그래서 각종 정책결정에 대중의 의사가 중요한 결정요소가 되었다.

① 직접선거　　　　　② 평등선거

③ 보통선거　　　　　④ 비밀선거

12 위헌법률심판 제청에 대한 설명으로 옳은 것은?

① 법률이 헌법에 위반되는지의 여부가 재판의 전제가 된 경우에 당해 사건을 담당하는 법원이 헌법재판소에 위헌법률 심판의 제청을 하려면 당사자의 신청이 있어야 한다.

② 당해 사건의 당사자는 법원에 위헌법률심판 제청신청을 하지 않고 직접 헌법재판소에 위헌법률심판을 청구할 수 있다.

③ 당해 사건의 법원이 당사자의 위헌법률심판 제청신청을 기각하면 당사자는 헌법재판소에 헌법소원심판을 청구할 수 있다.

④ 당해 사건의 법원이 당사자의 위헌법률심판 제청신청을 기각하면 당사자는 법원의 기각결정에 대해 항고할 수 있다.

13 사회 계층 현상을 바라보는 갑과 을의 관점에 대한 설명으로 옳은 것은?

> 갑 : 저소득층에 대한 학비지원 제도나 국가장학금 제도가 있기 때문에 모든 학생들에게 대학 진학의 기회는 균등하게 부여되어 있어. 결국 개인의 능력이나 노력의 차이에 따라 특정 대학 진학이 결정되는 것이지. 자기가 원하는 대학에 진학하지 못했다고 부모를 탓하는 것은 핑계에 불과해.
> 을 : 어떤 가정환경에서 자라고 얼마만큼 사교육을 받았는지가 학생의 성적을 좌우하지. 기득권층 자녀는 부모 덕으로 특정 대학에 진학하는 것이 현실이야. 개인의 능력과는 무관하게 사회 불평등은 재생산되는 것이지.

① 갑은 사회 계층 현상을 사회적 기여 정도에 따른 서열화로 본다.
② 갑은 사회 계층 현상을 심각한 사회 문제로 여긴다.
③ 을은 개인의 귀속적 요인이 사회 계층 구조를 변화시킨다고 본다.
④ 갑에 비해 을은 차등적 보상 체계를 바람직하다고 본다.

14 사회변동에 대한 다음 주장에 부합하는 설명으로 적절한 것은?

> 생산력과 생산관계가 결합된 생산양식이 경제적 토대를 형성하며, 이에 조응하여 법·정치·종교 등의 상부구조가 구성된다. 즉, 물질적 생산양식이 사회적·정치적·정신적 생활 과정의 일반적 특성을 결정한다. 사회변동은 경제적 토대의 변화와 더불어 생산수단을 통제하는 힘과 그 관계에서 생기는 모순과 갈등의 결과로 일어난다.

① 사회변동의 요인은 그 사회의 외부로부터 주어진다.
② 인간의 의식은 사회적 삶 전반을 규정하는 토대로 작용한다.
③ 정치질서와 같은 상부구조는 경제적 토대의 형식적 표현일 뿐이다.
④ 경제적 요소에 의해 사회의 가치체계가 변화될 가능성을 간과하고 있다.

15 다음 글에 나타난 변화를 통해 예측할 수 있는 상황으로 가장 적절한 것은? (단, X재와 Y재 시장은 수요와 공급의 법칙을 따른다.)

> X재와 Y재는 서로 대체재이다. 최근 X재 생산에 필요한 원자재 가격이 상승하여 X재를 생산하는 기업들의 고민이 깊어지고 있다.

① X재의 가격이 하락할 것이다.
② X재의 거래량이 증가할 것이다.
③ Y재의 가격이 하락할 것이다.
④ Y재의 판매 수입이 증가할 것이다.

16 다음 글에 나타난 재화에 대한 설명으로 옳은 것은?

> 이 재화는 한 사람이 소비해도 다른 사람들이 충분히 소비할 수 있는 특징을 지닌다. 또한 가격을 지불하지 않은 사람도 아무런 제한 없이 이 재화를 소비할 수 있다.

① 이 재화는 대부분 소규모 기업에 의해 생산된다.
② 이 재화는 공유지의 비극을 초래하는 대표적인 사례이다.
③ 이 재화의 생산을 민간 기업에 맡겨 두면 사회적으로 최적인 수준보다 적게 생산된다.
④ 한 사람이 이 재화를 소비하여 얻을 수 있는 효용은 사회 구성원 전체의 효용과 크기가 같다.

17 다음에 나타난 경제 행위가 A국의 2023년 국내 총생산에 직접적으로 미치는 영향으로 옳은 것은?

> A국에 거주하는 국민 갑은 2023년 12월 말에 직거래를 통해 자녀가 입을 의류를 B국으로부터 수입하였다.

① 소비가 감소했다.
② 투자가 감소했다.
③ 순수출이 증가했다.
④ 국내 총생산은 변하지 않았다.

18 삼국의 발전과정에서 나타난 사실이다. 공통적인 성격은 무엇인가?

> • 2세기 태조왕 – 계루부 고씨의 왕위 세습
> • 3세기 고이왕 – 6좌평 행정 분담
> • 4세기 내물왕 – 김씨 왕위 세습, 마립간 칭호 사용

① 고조선의 통치질서를 계승하였다.
② 국왕을 중심으로 한 중앙집권체제가 강화되었다.
③ 연맹왕국의 확립을 위한 제도를 정비하였다.
④ 유교정치이념을 구현하였다.

19 발해를 우리 민족사의 일부로 포함시키고자 할 때 그 증거로 제시할 수 있는 내용들로만 묶은 것은?

> ㉠ 발해를 건국한 대조영은 고구려의 유민이었다.
> ㉡ 발해의 문화 기반은 고구려 문화를 계승하였다.
> ㉢ 발해는 당과는 다른 독자적인 정치 운영을 하였다.
> ㉣ 발해는 신라와 함께 당의 빈공과에 많은 합격자를 내었다.
> ㉤ 발해의 왕이 일본에 보낸 국서에 '고(구)려국왕'을 자처하였다.

① ㉠㉡㉢
② ㉠㉡㉣
③ ㉠㉡㉤
④ ㉡㉢㉤

20 다음 주장에서 강조하고 있는 내용으로 가장 적절한 것은?

> 그러면 지금의 조선 민족에게는 왜 정치적 생활이 없는가? 일본이 조선을 병합한 이래로 조선에게는 모든 정치활동을 금지한 것이 첫째 원인이다. …… 지금까지 해 온 정치적 운동은 모두 일본을 적대시하는 운동뿐이었다. 이런 종류의 정치 운동은 해외에서나 할 수 있는 일이고, 조선 내에서는 허용되는 범위 내에서 일대 정치적 결사를 조직해야 한다는 것이 우리의 주장이다.

① 무장 투쟁을 통해 독립을 이루어야 한다.
② 농민, 노동자를 단결시켜 일제를 타도해야 한다.
③ 일제의 식민 지배를 인정하고 그 밑에서 정치적 실력 양성을 해야 한다.
④ 국제적인 외교를 통해서 일제의 만행을 알리고 우리나라의 독립을 알려야 한다.

21 고려시대 군사제도에 관한 설명으로 옳은 것은?
① 중앙군은 국방적인 성격이 강하였다.
② 양계에 배치된 주진군은 국방의 주역을 담당한 상비군이었다.
③ 상장군, 대장군 등은 합좌기관인 도방에서 군사문제를 의논하였다.
④ 군인들에게는 토지가 지급되지 않았다.

22 조선 초기의 신분제를 양인과 천인으로 나누어 보려는 견해에 부합되는 근거는?
① 양반은 각종 국역이 면제되었으며, 법률과 제도로써 신분적 특권이 세습되었다.
② 양인 내부에서는 법제적으로 신분이동이 가능하였다.
③ 직업의 선택이 불가능하였으며 직업과 신분은 고정되었다.
④ 지배층의 자기도태과정의 결과, 기술직과 서얼은 중인층으로 고정되었다.

23 다음 내용과 관련이 있는 단체는?

- 신채호는 '조선혁명선언'을 작성하였다.
- 김상옥은 종로경찰서에 폭탄을 투척하였다.
- 나석주는 동양척식주식회사를 폭파시키려 하였다.

① 신민회
② 대한민국 임시정부
③ 대한광복회
④ 의열단

24 다음은 근대 국가 성립기의 사회운동이다. 이 중 신분제 철폐를 주장했던 사건으로 바르게 묶인 것은?

| ㉠ 갑신정변 | ㉡ 동학농민운동 |
| ㉢ 위정척사운동 | ㉣ 독립협회운동 |

① ㉠㉡
② ㉠㉣
③ ㉡㉢
④ ㉢㉣

25 다음의 사건을 일어난 순서대로 바르게 묶은 것은?

㉠ 한국전쟁 발발
㉡ 모스크바 3국외상회의 개최
㉢ 대한민국정부 수립
㉣ 한·미상호방위조약 체결

① ㉡ - ㉠ - ㉣ - ㉢
② ㉡ - ㉢ - ㉠ - ㉣
③ ㉢ - ㉠ - ㉣ - ㉡
④ ㉣ - ㉡ - ㉢ - ㉠

세종특별자치시교육청 교육공무직원 답안지

절 취 선

성명

성명	

생년월일

	년	월	일		
⓪	⓪	⓪	⓪	⓪	⓪
①	①	①	①	①	①
②	②	②	②	②	②
③	③	③	③	③	③
④	④	④	④	④	④
⑤	⑤	⑤	⑤	⑤	⑤
⑥	⑥	⑥	⑥	⑥	⑥
⑦	⑦	⑦	⑦	⑦	⑦
⑧	⑧	⑧	⑧	⑧	⑧
⑨	⑨	⑨	⑨	⑨	⑨

제1과목

번호	①	②	③	④		번호	①	②	③	④
1	①	②	③	④		16	①	②	③	④
2	①	②	③	④		17	①	②	③	④
3	①	②	③	④		18	①	②	③	④
4	①	②	③	④		19	①	②	③	④
5	①	②	③	④		20	①	②	③	④
6	①	②	③	④		21	①	②	③	④
7	①	②	③	④		22	①	②	③	④
8	①	②	③	④		23	①	②	③	④
9	①	②	③	④		24	①	②	③	④
10	①	②	③	④		25	①	②	③	④
11	①	②	③	④						
12	①	②	③	④						
13	①	②	③	④						
14	①	②	③	④						
15	①	②	③	④						

제2과목

번호	①	②	③	④		번호	①	②	③	④
1	①	②	③	④		21	①	②	③	④
2	①	②	③	④		22	①	②	③	④
3	①	②	③	④		23	①	②	③	④
4	①	②	③	④		24	①	②	③	④
5	①	②	③	④		25	①	②	③	④
6	①	②	③	④		21	①	②	③	④
7	①	②	③	④		22	①	②	③	④
8	①	②	③	④		23	①	②	③	④
9	①	②	③	④		24	①	②	③	④
10	①	②	③	④		25	①	②	③	④
11	①	②	③	④						
12	①	②	③	④						
13	①	②	③	④						
14	①	②	③	④						
15	①	②	③	④						

세종특별자치시교육청 교육공무직원

제5회 모의고사

성명		생년월일	
문제 수(배점)	50문항	풀이시간	/ 50분
영역	필기시험		
비고	객관식 4지선다형		

[제1과목] 국어

1 다음 제시된 단어의 관계가 가장 다른 것은?

① 감정 – 슬픔

② 용납 – 거부

③ 조류 – 천둥오리

④ 문구 – 볼펜

2 다음 중 제시된 문장의 밑줄 친 어휘와 같은 의미로 사용된 것을 고르면?

> 심사 위원들은 이번에 응시한 수험생들에 대해 대체로 높은 평가를 <u>내렸다</u>.

① 이 지역은 강우가 산발적으로 <u>내리는</u> 경향이 있다.

② 그녀는 얼굴의 부기가 <u>내리지</u> 않아 외출을 하지 않기로 했다.

③ 먹은 것을 <u>내리려면</u> 적당한 운동을 하는 것이 좋다.

④ 중대장은 적진으로 돌격하겠다는 결단을 <u>내리고</u> 소대장들을 불렀다.

3 다음 〈보기〉의 단어들을 예시로 들 수 있는 한글 맞춤법의 사이시옷 규정은?

> 〈보기〉
> 깻묵, 아랫마을, 텃마당, 멧나물

① 순 우리말로 된 합성어로서 앞말이 모음으로 끝나고 뒷말의 첫소리가 된소리로 나는 것.

② 순 우리말로 된 합성어로서 앞말이 모음으로 끝나고 뒷말의 첫소리 'ㄴ, ㅁ' 앞에서 'ㄴ' 소리가 덧나는 것

③ 순 우리말과 한자어로 된 합성어로서 앞말이 모음으로 끝나고 뒷말의 첫소리 'ㄴ, ㅁ' 앞에서 'ㄴ' 소리가 덧나는 것

④ 순 우리말과 한자어로 된 합성어로서 앞말이 모음으로 끝나고 뒷말의 첫소리 모음 앞에서 'ㄴㄴ' 소리가 덧나는 것

4 외래어 표기가 바르게 된 것으로만 묶인 것은?

① 부르주아, 비스킷, 심포지움

② 스폰지, 트렌드, 소파

③ 앙코르, 메세지, 쉬림프

④ 샹들리에, 돈가스, 블라우스

5 밑줄 친 단어의 쓰임이 적절한 것은?

① 유나가 만든 음식은 <u>먹을래야</u> 먹을 수가 없어.

② <u>봉숭화물</u>이 곱게도 들었구나.

③ 넌 항상 <u>매무새</u>가 깔끔하구나.

④ 시안이는 무슨 생각인지 <u>우두머니</u> 서서 아무 말이 없었다.

6 다음 제시된 문장의 밑줄 친 단어의 뜻이 나머지와 다른 것은?

① 두 사람을 <u>잇는</u> 인연의 끈이 얼마나 단단한지 새삼 실감했다.

② 못 입게 된 옷가지를 <u>이어</u> 새 옷을 만들었다.

③ 할머니는 짐을 <u>이고</u> 흔들림 없이 걸어갔다.

④ 종이컵 두 개를 실로 <u>이어</u> 그것이 전화라며 내게 한 쪽을 건넸다.

7 〈보기〉의 설명에 따라 올바르게 표기된 경우가 아닌 것은?

〈보기〉
• 어간의 끝음절 '하'의 'ㅏ'가 줄고 'ㅎ'이 다음 음절의 첫소리와 어울려 거센소리로 될 적에는 거센소리로 적는다.
• 어간의 끝음절 '하'가 아주 줄 적에는 준 대로 적는다.
---

① 연구토록

② 다정타

③ 무심치

④ 생각컨대

8 단어의 뜻이 올바르지 않은 것은?

① 미쁘다 : 믿음성이 있다.

② 상큼하다 : 까칠하고 눈이 쏙 들어가다.

③ 쏘개질 : 있는 일 없는 일을 얽어서 일러바치는 짓.

④ 오목조목 : 자그마한 것이 여기저기 흩어져 있는 모양

9 외래어 표기 용례로 옳은 것은?

① Chaikovskii – 차이코프스키

② milk shake – 밀크쉐이크

③ barbecue – 바비큐

④ Roosevelt – 루즈벨트

10 로마자 표기법의 규정과 그 예시가 바르게 연결되지 않은 것은?

① 'ㅢ'는 'ㅣ'로 소리 나더라도 'ui'로 적는다. – 광희문(Gwanghuimun)

② 'ㄱ, ㄷ, ㅂ'은 모음 앞에서는 'g, d, b'로, 자음 앞이나 어말에서는 'k, t, p'적는다. – 합덕(Hapdeok)

③ 'ㄹ'은 모음 앞에서는 'r'로, 자음 앞이나 어말에서는 'l'로 적는다. 단, 'ㄹㄹ'은 'll'로 적는다. – 울릉(Ulleung)

④ 된소리되기는 표기에 반영하지 않는다. – 백암(Baegam)

11 다음 중 띄어쓰기가 옳지 않은 것은?

① 너만큼 마음 쓰는 사람도 없어.

② 과일가게에는 귤, 단감, 석류들이 널려있었다.

③ 그는 사라진 지 사흘 만에 멀쩡히 돌아왔다.

④ 연아는 얼마나 부지런한지 그 많은 일을 혼자 해냈다.

12 다음 중 복수 표준어로 허용되지 않은 것은?

① 꼬까 – 고까

② 시늉말 – 흉내말

③ 길잡이 – 길앞잡이

④ 보통내기 – 예사내기

13 맞춤법 사용이 올바르지 않은 것으로만 묶인 것은?

① 덧저고리, 사흗날, 텃마당

② 닐리리, 남존녀비, 헤택

③ 만만찮다, 거북지, 돋자리

④ 뒷입맛, 밋밋하다, 사뭇

14 다음 중 발음이 옳은 것은?

① 새 신을 신고[신: 꼬] 뛰어보자 폴짝

② 아무것도 모른다는 그 순수한 눈동자[눈똥자]에 할 말을 잃었다.

③ 갈증[갈증]이 얼마나 심한지 물을 아무리 마셔도 해소되지 않았다.

④ 문을 박차고 나오기는 했지만 막상 갈 데가[갈데가] 없다.

15 다음은 자음을 분류한 것이다. 이 중 옳지 않은 것은?

① 치음 – ㅎ, ㅎㅎ, ㅇ

② 아음 – ㄱ, ㅋ, ㄲ, ㆁ

③ 설음 – ㄷ, ㅌ, ㄸ, ㄴ

④ 순음 – ㅂ, ㅍ, ㅃ, ㅁ

16 다음 중 문학의 3대 특성과 거리가 먼 것은?

① 항구성(恒久性)　　② 창조성(創造性)

③ 개성(個性)　　　　④ 보편성(普遍性)

17 다음 〈보기〉에서 설명하는 표기 변화와 관련한 국어의 시기로 적절한 것은?

> 〈보기〉
>
> 'ㅂ'계, 'ㅄ'계 어두 자음군이 사라지면서 된소리로 바뀌었다.
> 예) 빼 > 쌔(때), 뜯 > 쓷(뜻)

① 고대국어　　　　② 중세국어

③ 근대국어　　　　④ 현대국어

18 훈민정음 해례본의 '예의'에 나타나 있지 않은 것은?

① 성음법과 가점

② 자모의 음가

③ 자모의 운용

④ 제자해

19 문예사조의 흐름을 순서대로 바르게 나열한 것은?

① 고전주의 - 사실주의 - 낭만주의 - 상징주의 - 자연주의 - 실존주의

② 고전주의 - 낭만주의 - 사실주의 - 자연주의 - 상징주의 - 실존주의

③ 고전주의 - 사실주의 - 실존주의 - 낭만주의 - 자연주의 - 상징주의

④ 고전주의 - 낭만주의 - 자연주의 - 사실주의 - 상징주의 - 실존주의

20 다음 중 「제망매가」에 대한 설명으로 옳지 않은 것은?

① 의식요의 성격을 엿볼 수 있다.
② 도교적 신앙을 바탕으로 한 추모시이다.
③ 인생의 무상함이 잘 드러나 있다.
④ 유한자인 인간의 한계를 종교적 믿음으로 극복하고 있다.

21 다음 설명과 관계있는 작품은?

- 현실 도피적(現實逃避的)인 노장적 퇴폐 사상을 주조(主潮)로 한다.
- 고려 후기 신흥 사대부들의 활기찬 감정과 의식세계를 노래하였다.
- 사물이나 경치를 나열함으로써 신흥 사대부들의 호탕한 기상을 드러내고 있다.

① 성산별곡   ② 면앙정가
③ 한림별곡   ④ 서경별곡

22 고대소설의 작가와 작품이 잘못 짝지어진 것은?

① 박지원 - 양반전   ② 남효온 - 창선감의록
③ 김만중 - 구운몽   ④ 김시습 - 금오신화

23 박씨전과 관계있는 것은?

① 판소리계 소설에 해당한다.
② 상위적 여성과 하위적 남성이 등장한다.
③ 임진왜란을 소재로 한 소설이다.
④ 이 소설의 전반부는 전쟁담으로 일관하고 있다.

24 '같은 값에 비슷한 노력이 사용된다면 좀 더 품질이 좋거나 보기 좋은 것을 선택한다'는 한자성어는?

① 삼고초려(三顧草廬)
② 동가홍상(同價紅裳)
③ 수어지교(水魚之交)
④ 인과응보(因果應報)

25 제시된 속담의 뜻으로 바른 것은?

자는 범 침 주기

① 그대로 가만 두었으면 아무 일도 없었을 것을 공연히 건드려서 일을 저질러 위태롭게 된다는 말
② 남들이 알지 못하도록 아무리 은폐하려 해도 탄로날 것은 저절로 탄로가 난다는 뜻
③ 무식한 사람은 어떠한 물건의 질은 무시하고 그저 양이 많은 것만 요구한다는 뜻
④ 겁이 없고 대담한 사람을 두고 하는 말

[제2과목] 일반상식

1 복지지표로서 한계성을 갖는 국민총소득(GNI)을 보완하기 위해 미국의 노드하우스(W. Nordhaus)와 토빈(J. Tobin)이 제안한 새로운 지표를 무엇이라고 하는가?

① 소비자동향지표

② 경제활동지표

③ 경제후생지표

④ 고용보조지표

2 '공익을 위하여'라는 라틴어 줄임말로 미국에서 소외 계층을 위해 무료 변론을 하는 변호사를 일컫는 말로 쓰이면서 대중화된 개념은?

① 프로보노(Probono)

② 페르소나 논 그라타(Persona Non Grata)

③ 애드호크(Ad Hoc)

④ 매니페스토(Manifesto)

3 임금이나 교육 수준 등에 따라 경기침체에서 벗어나는 속도가 다른 형태를 무엇이라고 하는가?

① V자형 회복

② U자형 회복

③ K자형 회복

④ J자형 회복

4 첨단 기기에 익숙해진 현대인의 뇌에서 회백질 크기가 감소하여 현실에 무감각해지는 현상을 무엇이라고 하는가?

① 팝콘 브레인

② 디지털 치매

③ 필터 버블

④ 뉴럴링크

5 다음 중 환경보전을 위한 다자간협상을 의미하는 것은?

① 그린피스

② 람사협약

③ 그린 라운드

④ 녹색운동

6 오스트리아 정부가 세르비아에 최후통첩을 보낸 이후 7월 28일에 세르비아에 선전포고를 함으로써 제1차 세계대전이 발발하게 된 사건은?

① 사라예보 사건

② 세포이 항쟁

③ 종교개혁

④ 동북공정

7 생활수준이 올라감에 따라 건강하고 행복한 삶을 영위하기 해 복용하는 의약품을 무엇이라고 하는가?

① 헬시 드러그

② 해피 드러그

③ 위시 드러그

④ 라이프 드러그

8 다음 설명은 어떤 예술운동을 가리키는가?

> 1950년대에 영국에서 일어나 1960년대 이후 미국에서 확산된 현대미술의 조류로 일명 뉴리얼리즘(신사실주의)이라고 불리며, 포스터·만화·전기제품·자동차 등 대량소비시대의 환경을 묘사한다. 이러한 몰개성적이고 상업적인 사물에 파묻힌 현실을 즐거이 받아들여, 풍자와는 또 다른 '중립적인 공허감'을 표현한 예술운동이다.

① Pop Art

② Urban Art

③ Anticultural Art

④ Cultural Art

9 아그레망(Agrement)에 대한 설명으로 옳은 것은?

① 외교사절 임명에 앞서 행하는 접수국의 동의절차이다.
② 외교사절 임명에 앞서 자국 원수의 동의절차이다.
③ 남아프리카에서 행해져온 인종차별과 인종격리정책을 말한다.
④ 유엔가입 신청 시 안전보장이사회에서 동의하는 절차이다.

10 출구조사에 있어, 여론조사 결과 우세한 것으로 나타난 후보나 정당의 지지도가 상승하는 것을 나타내는 말은?

① 언더독 효과
② 밴드왜건 효과
③ 데킬라 효과
④ 스티그마 효과

11 다음 〈보기〉에 대한 현상이 심화되었을 때 이에 대한 정부의 적절한 대처로 올바른 것은?

> • 총수요가 총공급을 초과
> • 재고 감소와 활발한 생산 활동

① 정부는 적자예산을 편성하여 물가를 내리도록 한다.
② 정부는 지급준비율을 인상하여 대출이 쉽게 되도록 유도한다.
③ 정부는 흑자예산을 편성하여 신규투자를 유도한다.
④ 정부는 긴축재정을 운용하여 총수요를 억제한다.

12 정보 공개 청구 제도의 기능으로 적절하지 않은 것은?

① 행정의 투명성을 높인다.
② 국민의 알 권리를 충족시킨다.
③ 행정 기관의 재량권을 강화한다.
④ 행정에서 국민의 의사가 반영되도록 한다.

13 다음 글의 빈칸 ㉠에 들어갈 집단으로 옳은 것은?

> '당신이 사는 아파트는 당신의 가치를 말해 줍니다.', '이 차를 타는 순간 당신은 특별해집니다.' 등은 모두 텔레비전이나 신문 광고에서 종종 접할 수 있는 말들이다. 이와 같은 광고는 실제로 높은 판매 효과를 가져 온다고 한다. 그 이유는 무엇일까? 사람들에게는 (㉠)을(를) 정해 놓고 그에 따라 생각하고 행동하려는 경향이 있다.

① 내집단
② 외집단
③ 준거 집단
④ 이익 사회

14 다음은 정치 참여 집단에 대한 설명이다. 이에 대한 설명으로 옳은 것은?

① 이익집단은 의회와 정부를 매개한다.
② 정당은 자신의 행위에 정치적 책임을 진다.
③ 시민단체와 달리 정당은 정치 사회화 기능을 가진다.
④ 이익집단과 시민단체는 모두 비영리성을 특징으로 한다.

15 다음 중 헌법 소원 심판을 청구할 수 있는 사례로 가장 적절한 것은?

① 친구에게 빌려준 돈을 변제 기일이 지나도록 받지 못한 경우
② 교도소의 서신 검열로 수형자가 통신의 자유를 침해받은 경우
③ 간판이 떨어져 차량이 파손되었으나 간판 주인이 배상을 거부한 경우
④ 배우자의 부정행위로 갈등이 심화되어 부부가 이혼하기로 합의한 경우

16 다음은 2023년에 발생한 모든 경제 활동이다. 2023년 A국의 국내 총생산으로 옳은 것은?

> • A국의 야구 선수가 B국의 프로팀에 스카우트되어 연봉 500만 달러를 받았다.
> • B국에서 개최된 프로 골프 대회에서 A국 선수가 100만 달러 상금을 받았다.
> • C국의 근로자가 A국에 취업해서 200만 달러의 소득을 받았다.
> • C국의 항공기 업체가 A국에 공장을 세워 생산한 제품을 B국에 수출하여 1,000만 달러를 벌었다.

① 600만 달러

② 1,000만 달러

③ 1,200만 달러

④ 1,600만 달러

17 현재 우리나라가 채택하고 있는 국회의원선거방법으로 옳지 않은 것은?

① 지역대표제 　　　　② 선거구법정주의

③ 소수대표제 　　　　④ 소선거구제

18 다음 (가), (나)에 나타난 사회 이동의 유형을 바르게 연결한 것은?

> (가) 대기업에 입사한 A씨는 불굴의 의지로 노력하여 10년 만에 계열사 사장이 되었다.
> (나) 노비의 아들로 태어난 B씨는 갑오개혁으로 신분 제도가 폐지되자, 열심히 노력하여 큰 부자가 되었다.

　　　　(가)　　　　　　　(나)

① 수평 이동　　　　　수직 이동

② 개인적 이동　　　　구조적 이동

③ 수직 이동　　　　　수평 이동

④ 세대 간 이동　　　　세대 내 이동

19 다음 제도들을 시행한 까닭으로 가장 적절한 것은?

> • 기인 제도　　　　　• 사심관 제도
> • 상수리 제도　　　　• 경재소 제도

① 각 지방의 균형 있는 발전을 도모하고자 하였다.

② 문벌귀족 중심의 정치 체제를 강화하고자 하였다.

③ 지방 세력을 통제하여 중앙 권력을 강화하고자 하였다.

④ 귀족 세력을 억압하고 관리 등용 제도를 마련하고자 하였다.

20 다음 내용을 시대순으로 나열하면?

> ㉠ 백제는 수도를 사비로 천도하고 국호를 남부여로 고침
> ㉡ 대가야의 멸망과 가야연맹체의 완전 해체
> ㉢ 위의 고구려 침입
> ㉣ 평양으로 천도한 고구려의 백제의 한성 함락
> ㉤ 백제의 수군 정비와 요서지방으로의 진출

① ㉢ - ㉠ - ㉡ - ㉣ - ㉤

② ㉢ - ㉣ - ㉠ - ㉡ - ㉣

③ ㉢ - ㉣ - ㉤ - ㉠ - ㉡

④ ㉢ - ㉤ - ㉣ - ㉠ - ㉡

21 다음 중 고려가 거란의 침입을 물리친 결과 나타난 것끼리 묶은 것은?

> ㉠ 여진족의 대두
> ㉡ 광군사의 설치
> ㉢ 천리장성과 나성의 축조
> ㉣ 고려 · 송 · 거란이 정립하는 국제관계의 안정

① ㉠㉡   ② ㉠㉢

③ ㉡㉢   ④ ㉢㉣

22 다음의 역사서에 대한 설명으로 옳지 않은 것은?

① 해동역사 – 외국자료를 많이 인용하여 민족사 이해의 폭을 넓혔다.

② 연려실기술 – 조선의 정치와 문화를 실증적이고 객관적으로 서술하였다.

③ 아방강역고 – 화이론적 관점에서 우리 민족의 대외항쟁사를 정리하였다.

④ 발해고 – 발해와 통일신라를 남북국시대로 정립하였다.

23 개항 이후의 사회, 문화에 대한 설명으로 옳은 것은?

① 우리나라 최초의 철도 부설은 경인선으로 부설권을 획득하여 부설한 국가는 일본이다.

② 일본 및 열강에 의해 국권을 상실하자 안창호는 민족영웅전을 저술하여 민족의식을 고취시켰다.

③ 김옥균의 건의에 의해 만들어진 박문국은 대표적인 인쇄, 출판기구로 한성순보를 발간하였다.

④ 구한말에 만들어진 서양식 건축물로는 명동성당과 독립문, 덕수궁 석조전 등이 있다.

24 조선 후기의 다음과 같은 조치들이 가져온 공통적인 결과를 바르게 파악한 것은?

> • 17세기 광산개발에 설점수세제를 도입하였다.
> • 18세기 말 장인의 등록제를 폐지하였다.
> • 18세기 말 육의전을 제외한 시전상인의 금난전권을 폐지하였다.

① 경제발전에 국가의 주도력이 강화되었다.

② 정부의 민간경제활동에 대한 통제력이 약화되었다.

③ 경제발전에 있어서 사익보다 공익의 추구가 우선시되었다.

④ 국가의 피지배층에 대한 인신적 지배가 점차 강화되었다.

25 1946~7년에 진행된 좌우합작운동에 대한 설명으로 옳은 것을 모두 고르면?

> ㉠ 미군정의 후원 하에 이 운동이 전개되었다.
> ㉡ 중도좌파의 김규식과 중도우파의 여운형이 주도하였다.
> ㉢ 조선공산당은 이 운동에 참여하여 적극적으로 활동하였다.
> ㉣ 김규식과 여운형은 미소공동위원회를 다시 여는 데 관심을 두었다.

① ㉠㉡   ② ㉡㉢

③ ㉢㉣   ④ ㉠㉣

세종특별자치시교육청 교육공무직원 답안지

성 명

생 년 월 일					
⓪	⓪	⓪	⓪	⓪	⓪
①	①	①	①	①	①
②	②	②	②	②	②
③	③	③	③	③	③
④	④	④	④	④	④
⑤	⑤	⑤	⑤	⑤	⑤
⑥	⑥	⑥	⑥	⑥	⑥
⑦	⑦	⑦	⑦	⑦	⑦
⑧	⑧	⑧	⑧	⑧	⑧
⑨	⑨	⑨	⑨	⑨	⑨

제1과목

번호	답란		번호	답란
1	① ② ③ ④		16	① ② ③ ④
2	① ② ③ ④		17	① ② ③ ④
3	① ② ③ ④		18	① ② ③ ④
4	① ② ③ ④		19	① ② ③ ④
5	① ② ③ ④		20	① ② ③ ④
6	① ② ③ ④		21	① ② ③ ④
7	① ② ③ ④		22	① ② ③ ④
8	① ② ③ ④		23	① ② ③ ④
9	① ② ③ ④		24	① ② ③ ④
10	① ② ③ ④		25	① ② ③ ④
11	① ② ③ ④			
12	① ② ③ ④			
13	① ② ③ ④			
14	① ② ③ ④			
15	① ② ③ ④			

제2과목

번호	답란		번호	답란
1	① ② ③ ④		21	① ② ③ ④
2	① ② ③ ④		22	① ② ③ ④
3	① ② ③ ④		23	① ② ③ ④
4	① ② ③ ④		24	① ② ③ ④
5	① ② ③ ④		25	① ② ③ ④
6	① ② ③ ④		21	① ② ③ ④
7	① ② ③ ④		22	① ② ③ ④
8	① ② ③ ④		23	① ② ③ ④
9	① ② ③ ④		24	① ② ③ ④
10	① ② ③ ④		25	① ② ③ ④
11	① ② ③ ④			
12	① ② ③ ④			
13	① ② ③ ④			
14	① ② ③ ④			
15	① ② ③ ④			

세종특별자치시교육청
교육공무직원
기출동형 모의고사

- 정답 및 해설 -

[제1과목] 국어

1 ③
①④ 유의 관계
② 상하관계

2 ①
한글 맞춤법은 표준어를 소리대로 적되, 어법에 맞도록 함을 원칙으로 한다.

3 ②
② 어근과 어근의 결합인 합성어이다.
①③④ 접사가 붙은 파생어이다.

4 ②
'데'는 조사 '에'가 생략된 형태이다. '데'는 '경우'의 뜻을 나타내는 의존명사이므로 관형어와 띄어 써야 한다.

5 ②
② '싯-'은 어두음이 유성음이고 첫음절의 모음이 'ㅓ, ㅜ'인 색채를 나타내는 형용사 앞에 붙으므로 '싯누렇다'는 바른 표기이다.
① '가파르다'는 '르'불규칙 용언으로 어간의 끝소리'가 탈락하면서 'ㄹ'이 덧붙여지는 활용을 한다. 따라서 '가파르다 - 가팔라 - 가파르니' 등으로 활용한다.
③ 'ㅡ'탈락은 모음 앞에서 어간의 'ㅡ'가 탈락하는 규칙활용이다. '담그다'는 '담가'로 활용하여 제시된 문장에서는 '담갔다'로 써야 한다.
④ '물체를 쏘거나 던져서 어떤 물체에 닿게 하다.'는 '맞히다'이므로 '맞히고'고 고친다.

6 ④
④의 미닫이[미다지]는 받침 'ㄷ, ㅌ(ㄾ)'이 조사나 접미사의 모음 'ㅣ'와 결합되는 경우에는, [ㅈ, ㅊ]으로 바꾸어서 뒤 음절 첫소리로 옮겨 발음하는 음의 동화이다.

7 ②
① 넉넉치 않은→넉넉지 않은
③ 들어나자→드러나자
④ 것이요→것이오

8 ③

제시된 문장에서 '에서'는 앞말이 근거의 뜻을 갖는 부사어임을 나타내는 격조사로 쓰였다.

① 앞말이 행동이 이루어지고 있는 처소의 부사어임을 나타내는 격조사

② 앞말이 출발점의 뜻을 갖는 부사어임을 나타내는 격조사

④ (단체를 나타내는 명사 뒤에 붙어) 앞말이 주어임을 나타내는 격조사

9 ③

가는김에 → 가는 김에

10 ②

② 울릉 – Ulleung

11 ③

① 스탬프

② 리더십

④ 아이섀도(eye shadow)

12 ①

① 간편이 → 간편히

13 ④

- 기원(起源/起原) : 사물이 처음으로 생김. 또는 그런 근원.
- 기원(祈願) : 바라는 일이 이루어지기를 빎.
- 기원(棋院/碁院) : 바둑을 두는 사람에게 장소와 시설을 빌려주고 돈을 받는 곳.

14 ③

③ 여태껏 / 이제껏 / 입때껏

15 ③

① 기여하고저 → 기여하고자

② 퍼붇다 → 퍼붓다

③ 안성마춤 → 안성맞춤, 삵괭이 → 살쾡이, 더우기 → 더욱이

④ 굼주리다 → 굶주리다

16 ③

③에서 사용한 손이 크다는 말은 씀씀이가 후하고 크다는 관용 표현이 아닌 실제로 미영이의 손이 큰 것이라고 볼 수 있다.

17 ①

초성자는 자음을 가리킨다. 한글 창제 원리를 담고 있는 해례본을 보면 자음은 발음기관을 상형하여 기본자(ㄱ, ㄴ, ㅁ, ㅅ, ㅇ)를 만든 후 획은 더해 나머지를 글자를 만들었다. 그리고 이체자는 획을 더하는 것은 가획자와 같지만 가획을 해도 소리의 세기가 세어지지 않는다고 정리하고 있다. ㅋ은 ㄱ의 가획자, ㅍ은 ㅁ의 가획자, ㅎ은 ㅇ으로부터 가획된 글자이다.

① ㄹ은 이체자이다.

18 ③

ᄆᆞᅀᆞᆯ > ᄆᆞᄋᆞᆯ > ᄆᆞ을 > 마을

19 ①

1940년 경북 안동에서 '훈민정음 해례본'이 발견됨으로써 초성의 발음기관 상형설이 밝혀졌다.

구분	기본자	상형	가획자	이체자
아음	ㄱ	혀뿌리가 목구멍을 막는 모양	ㅋ	ㆁ
설음	ㄴ	혀끝이 윗잇몸에 붙는 모양	ㄷ, ㅌ	ㄹ(반설음)
순음	ㅁ	입의 모양	ㅂ, ㅍ	
치음	ㅅ	이의 모양	ㅈ, ㅊ	ㅿ(반치음)
후음	ㅇ	목구멍의 모양	ㆆ, ㅎ	

20 ③

한자를 이용하되 우리말 어순으로 배열하여 우리말 문장을 전면적으로 기록한 표기 체계가 향찰표기로 신라의 향가에 주로 사용된 표기법이다.

21 ③

③ 문학은 '언어'를 사용하여 표현하는 예술 양식으로 '문자'로 나타내는 기록문학과 '말'로 나타내는 구비문학을 모두 포함한다.

22 ①

① 집단의식을 드러내는 시가도 있다. 대표적으로 「구지가」가 있다.

23 ②

「동동」은 1년 열두 달로 나뉘어 구성된 형식의 시가로 이러한 형식을 '달거리' 또는 '월령체'라고 한다.

24 ②

유배 가사는 유배지의 체험을 기록한 가사로 「만분가」, 「북천가」, 「북관곡」, 「만언사」가 있다.

ㄱ 「만분가」: 무오사화 때 조위가 유배지인 전남 순천에서 지은 유배 가사

ㄴ 「북관곡」: 숙종 때 송주석이 조부인 송시열의 덕원 유배에 따라가 지은 유배 가사

ㄷ 「만언사」: 정조 때 안조원이 추자도로 귀양 가서 겪은 참상을 노래한 유배 가사

ㄹ 「북천가」: 철종 때 김진형이 함경도 명천에 귀양 갔다가 돌아오기까지의 생활과 견문을 쓴 유배 가사

25 ④

④ 光陰(광음)은 해와 달이라는 뜻으로 '세월'을 뜻하는 융합어이다.

[제2과목] 일반상식

1 ①

레임덕(Lame Duck) … 공직자의 임기 말에 나타나는 권력누수 현상을 일컫는다. 대통령을 배출한 집권당이 중간 선거에서 다수의석을 확보하지 못하여 대통령의 정책이 의회에서 잘 관철되지 않는 경우를 가리킬 때 사용하기도 한다.

② 님투현상(NIMTOO) : 쓰레기 매립장, 원자력 발전소, 소각장, 유류 저장소, 분뇨 처리장, 하수 처리장 등 지역 주민에게 혐오감을 주거나 주변 지역의 환경을 훼손하는 사업을 가급적 시행하지 않으려는 무사안일 행태를 지적하는 것이다.

③ 데드덕(Dead Duck) : 레임덕 보다 심각한 권력 공백 현상이다.

④ 로그롤링(Log Rolling) : 자신의 선호와는 무관한 대안에 투표하거나 암묵적인 동의를 하는 의사결정 행태이다.

2 ②

잭슨 홀 미팅 … 미국 캔자스시티 연방 준비은행이 매년 개최하는 경제정책에 관한 심포지엄으로, 와이오밍주 잭슨 홀에서 열린다. 주요 중앙은행 총재와 경제학자들이 참석하여 세계 경제 동향과 정책 방향을 논의하는 중요한 행사로, 글로벌 경제에 큰 영향을 미친다.

3 ①

풍선효과 … 풍선의 한 곳을 누르면 다른 곳이 튀어 나오는 것처럼 한 가지 문제가 해결되면 또 다른 문제가 생겨나는 현상을 말한다. 정부가 강남 집값을 잡기 위해 재건축 아파트 규제를 강화하자 일반 아파트로 수요가 몰려 집값이 오르는 현상 등이 풍선 효과에 해당한다.

② 칵테일파티 효과 : 여러 사람들이 모여 한꺼번에 이야기 하고 있음에도 자신이 관심을 갖는 이야기만 골라 들을 수 있는 것으로 시끄러운 곳에서 한 화자에게만 집중하고 다른 대화는 선택적으로 걸러내는 능력을 묘사하는 용어이다.

③ 피그말리온 효과 : 타인의 기대나 관심으로 인하여 능률이 오르거나 결과가 좋아지는 현상으로 로젠탈 효과, 자성적 예언, 자기 충족적 예언이라고도 한다.

④ 스티그마 효과 : 다른 사람들에게 무시당하고 부정적인 낙인이 찍히면 행태가 나쁜 쪽으로 변해가는 현상을 말한다.

4 ③

캘린더 효과 … 증시가 특정한 시기에 일정한 상승세와 하락세 흐름을 보이는 현상을 말한다. 대표적인 캘린더 효과로 1월 효과, 서머랠리, 산타랠리 효과가 있다.

① 소외기업 효과 : 투자자들의 관심이 없는 기업의 수익률이 높게 나타난다.

② 외부 효과 : 경제활동과 관련하여 타인에게 의도치 않은 효과를 발생 시키는 현상으로, 시장 가격과 별개로 다른 소비자에게 의도하지 않은 혜택이나 손해를 입히는 경우를 말한다.

④ 낙수 효과 : 고소득층의 소득 증대가 소비 및 투자 확대로 이어져 궁극적으로 저소득층의 소득도 증가하게 되는 효과를 가리키는 말이다.

5 ③

멘델의 유전법칙 … 멘델은 완두콩으로 유전의 원리를 연구하여 유전법칙을 통계학적으로 증명하였다. 멘델의 유전법칙은 우열의 법칙(우성과 열성 두 개의 형질이 있을 때 우성 형질만 드러난다)와 분리의 법칙(순종을 교배한 잡종 제1대를 자가 교배 했을 경우, 우성과 열성이 나뉘어 나타난다), 독립법칙(서로 다른 형질은 독립적으로 우열의 법칙과 분리의 법칙을 만족한다)로 구분할 수 있다.

① 우열의 법칙 : 우성과 열성 두 개의 형질이 있을 때 우성 형질만 드러난다.

② 분리의 법칙 : 순종을 교배한 잡종 제1대를 자가 교배 했을 경우, 우성과 열성이 나뉘어 나타난다.

④ 독립의 법칙 : 서로 다른 형질은 독립적으로 우열의 법칙과 분리의 법칙을 만족한다.

6 ③

우리나라는 그리니치 표준시보다 9시간 빠른 동경 135°를 표준시로 삼고 있다.

7 ①

매슬로우의 욕구체계

㉠ 자아실현의 욕구

㉡ 자기존중의 욕구

㉢ 사회적 욕구

㉣ 안전의 욕구

㉤ 생리적 욕구

8 ①

한림별곡은 경기체가의 대표 작품이다.

※ 가전체(假傳體)문학 … 고려 시대의 대표적인 산문 문학이다. 식물이나 동물을 의인화하여 그 일대기를 사전(史傳)의 형식으로 맞춘 허구적 문화 양식으로, 국순전은 술을 의인화 하였고 청강사자현부전은 거북이를 의인화하였다. 정시자전은 지팡이를 의인화 하였다.

9 ④

독립신문 … 1896년 4월 7일 서재필이 창간한 우리나라 최초의 순 한글신문이자 민간신문이다. 1957년 언론계는 이 신문의 창간일인 4월 7일을 신문의 날로 정하였다.

① 제국신문 : 대한 제국 시대에 발행된 일간 신문으로, 1898년 8월 10일 이종일이 창간했다.

② 한성순보 : 1883년(고종 20)에 창간된 한국 최초의 근대 신문으로, 서울 관악구 봉천동 서울대학교 중앙도서관에 소장되어 있다.

③ 황성신문 : 1898년(광무 2) 9월 5일 남궁억 등이 창간한 일간 신문이다.

10 ①

배비장전 … 조선 후기에 지어진 작자 미상의 고전소설로 판소리로 불리어진 「배비장타령」이 소설화된 작품이다. 판소리 열두마당에 속하지만, 고종 때 신재효(申在孝)가 판소리 사설을 여섯 마당으로 정착시킬 때 빠지게 되었다.

※ 우리나라의 판소리 5마당

㉠ 춘향가 : 기생의 딸 춘향과 양반집의 아들 이몽룡 사이에 일어나는 사랑 이야기를 다룬 작품이다.

㉡ 심청가 : 맹인으로 태어난 심학규가 무남독녀인 심청의 지극한 효성으로 눈을 뜨게 된다는 이야기로 효도, 선과 악, 인과율이 주제이다.

㉢ 흥부가(박타령) : 심술궂은 형 놀부와 착한 아우 흥부 간의 갈등과 화해를 그린 이야기로 형제간의 우애, 권선징악, 보은, 의리 등이 주제이다.

㉣ 수궁가(토별가, 토끼타령) : 토끼와 자라의 행동을 통하여 인간의 속성을 풍자한 이야기로 충성심과 충효심 등이 주제이다.

㉤ 적벽가 : 중국의 소설 삼국지의 내용을 판소리로 음악화 시킨 것으로 유비가 제갈공명을 찾아가는 삼고초려부터 적벽대전 끝에 관운장이 조조를 놓아주는 내용까지로 되어있으나, 부르는 사람에 따라 다소의 차이는 있으며 「화용도」라고도 한다.

11 ②

② 얻을 수 있으나 다른 선택을 위해 포기하거나 희생된 재화 또는 용역이 기회비용이다.

12 ②

보이지 않는 손 … 애덤 스미스가 그의 저서 '국부론'에서 사용한 말로 보이지 않는 손은 시장가격을 의미하며, 시장을 국가의 간섭 없이 내버려두면 자연스레 공급과 수요가 균형을 이루고 가격이 결정되어 합리적이고 효율적인 경제상태가 마련된다는 이론이다.

13 ③

① 국회의원의 임기는 4년이다〈헌법 제42조〉.
② 대통령의 임기는 5년이며 중임할 수 없다〈헌법 제70조〉.
③ 대법원장의 임기는 6년이며 중임할 수 없다〈헌법 제105조 제1항〉.
④ 헌법재판소 재판관의 임기는 6년이며 법률이 정하는 바에 의하여 연임할 수 있다〈헌법 제112조〉.

14 ②

제시된 내용은 디플레이션에 대한 설명이다.
③ 리플레이션은 디플레이션에서 벗어나 아직은 심한 인플레이션까지는 이르지 않은 상태를 말한다.
④ 스태그플레이션은 경기침체에도 불구하고 물가가 상승하는 현상을 말한다.

15 ③

③ 정당방위 : 자기 또는 타인의 법익에 대한 현재의 부당한 침해를 방위하기 위한 행위는 상당한 이유가 있는 때에는 벌하지 아니한다〈형법 제21조〉.
① 긴급피난 : 자기 또는 타인의 법익에 대한 현재의 위난을 피하기 위한 행위는 상당한 이유가 있는 때에는 벌하지 아니한다〈형법 제22조〉.
② 자구행위 : 법정절차에 의하여 청구권을 보전하기 불능한 경우에 그 청구권의 실행불능 또는 현저한 실행곤란을 피하기 위한 행위는 상당한 이유가 있는 때에는 벌하지 아니한다〈형법 제23조〉.
④ 피해자 승낙 : 처분할 수 있는 자의 승낙에 의하여 그 법익을 훼손한 행위는 법률에 특별한 규정이 없는 한 벌하지 아니한다〈형법 제24조〉.

16 ④

㉠ 비파형동검 – 청동기
㉡ 미송리식 토기 – 청동기
㉢ 빗살무늬 토기 – 신석기
④ 우리 민족이 최초로 세운 국가는 고조선으로, 고조선은 청동기 문화를 바탕으로 형성되었다.
① 세형동검에 대한 설명이다.
② 애니미즘과 토테미즘이 등장한 것은 신석기이다.
③ 주춧돌이 주거에 이용된 것은 청동기이다.

17 ③

③ 부여는 수렵사회의 전통을 보여주는 제천행사로 12월에 영고를 열었으며, 죄수를 풀어주었다.

18 ④

㉣ 백제와 신라의 팽창에 밀려 약화→4세기 말~5세기 초 고구려 광개토대왕의 공격으로 전기 가야 연맹 쇠퇴→㉠ 5세기 고구려 장수왕(479)→㉡ 6세기 백제 성왕(538)→㉢ 6세기 신라 진흥왕(568)

19 ②

괄호 안에 들어갈 세력은 문벌귀족이다. 문벌귀족은 신라말기 지방호족과 6두품 출신의 중앙관료로 구성되었으며, 과거와 음서를 통해 정치적 기반을, 공음전을 통해 경제적 기반을 마련하였다. 특히 중앙의 중서문하성과 중추원 및 도병마사를 통하여 그들의 기반을 안정적으로 유지하였다. 뿐만 아니라 유력 호족들끼리 또는 왕실과의 중첩된 혼인을 통하여 그 지위를 더욱 공고히 하였다.

② 불법적으로 노비를 소유하고 대농장이라는 막대한 토지를 소유하고 있었던 세력은 권문세족이다.

20 ④

제시된 내용은 귀족의 경제생활에 대한 설명으로 귀족은 식읍과 녹읍을 통하여 그 지역의 농민들을 지배하여 조세와 공물을 거두었고 노동력을 동원하였다.

④ 정전은 성덕왕 때 왕토사상에 의거하여 국가에서 토지가 없는 백성에게 지급한 토지이다.

21 ④

녹읍은 토지뿐만 아니라 그 토지에 속한 농민까지 지배할 수 있었다. 녹읍을 폐지하고 관료전을 지급한 것은 귀족들의 농민에 대한 지배권을 제한시켰고 국가의 토지지배권이 강화된 것이다. 정전을 지급하고 민정문서를 작성한 것은 농민을 국가재정의 기반으로 인식하여 이를 확보하기 위한 것이라고 할 수 있다.

22 ①

제시된 내용은 통일신라시대의 민정문서로 촌주가 3년마다 작성했고, 장례는 불교전통에 따랐으며, 골품제도로 능력보다 신분이 중시되었다.

23 ④

④ 고려후기의 역사서인 이제현의 사략은 대의명분과 정통을 중시하는 성리학적 유교사관을 중심으로 서술되었다.

24 ③

㉠㉣ 향·소·부곡 폐지, 노비변정사업으로 양인이 증가하였다.

㉡ 도첩제 실시는 승려의 출가를 제한한 것이다.

㉢ 호패제도는 일종의 신분증으로 이러한 제도의 실시 목적은 양인 확보를 통한 국가재정 확보이다.

25 ④

① 3·1운동 때까지는 사회주의가 아직 도입되지 않았다.

② 종교계 대표가 주도한 것은 3·1운동이다.

③ 2·8독립선언은 도쿄 유학생들의 독립선언이다.

[제1과목] 국어

1 ②
① 스넥 → 스낵
③ 캣츠 → 캣
④ 쇼파 → 소파

2 ①
① 오사리잡놈 / 오색잡놈

3 ④
① 옳은 지 → 옳은지, 막연한 추측이나 짐작을 나타내는 어미이므로 붙여서 쓴다.
② 사흘만에 → 사흘 만에, '시간의 경과'를 의미하는 의존명사이므로 띄어서 사용한다.
③ 살만도 → 살 만도, 붙여 쓰는 것을 허용하기도 하나(살만하다) 중간에 조사가 사용된 경우 반드시 띄어 써야 한다(살 만도 하다).

4 ③
① 안고[안 : 꼬]
② 웃기기도[욷 : 끼기도]
④ 무릎과[무릅꽈]

5 ②
① 법썩 → 법석
③ 오뚜기 → 오뚝이
④ 더우기 → 더욱이

6 ①
② 김씨 → 김 씨, 호칭어인 '씨'는 띄어 써야 옳다.
③ 큰 일 → 큰일, 틀림 없다 → 틀림없다, '큰일'은 '중대한 일'을 나타내는 합성어이므로 붙여 써야 하며 '틀림없다'는 형용사이므로 붙여 써야 한다.
④ 몇 일 → 며칠, '몇 일'은 없는 표현이다. 따라서 '며칠'로 적어야 옳다.

7 ③
어간의 끝음절 '하'가 아주 줄 적에는 준 대로 적는다〈한글맞춤법 제40항 붙임2〉.
① 윗층 → 위층
② 뒷편 → 뒤편
④ 생각컨대 → 생각건대

8 ④
① 초콜렛 → 초콜릿
② 컨셉 → 콘셉트
③ 악세사리 → 액세서리

9 ④

밑줄 친 부분은 '사람이 죄나 누명 따위를 가지거나 입게 되다.'라는 의미로 사용되었다.
① 산이나 양산 따위를 머리 위에 펴 들다.
② 먼지나 가루 따위를 몸이나 물체 따위에 덮은 상태가 되다.
③ 얼굴에 어떤 물건을 걸거나 덮어쓰다.

10 ③

③ '집(체언)'의 'ㅂ' 뒤에 'ㅎ'이 따르고 있어 'ㆅ'를 밝혀 적고 있다.

11 ④

④ **덜퍽지다** : 푸지고 탐스럽다.

12 ②

② **차다** : 몸에 닿은 물체나 대기의 온도가 낮다.
①③④ **차다** : 일정한 공간에 사람, 사물, 냄새 따위가 더 들어갈 수 없이 가득하게 되다.

13 ①

② **음울하다** : 기분이나 분위기 따위가 음침하고 우울하다.
③ **청승맞다** : 궁상스럽고 처량하여 보기에 몹시 언짢다.
④ **오롯하다** : 모자람이 없이 온전하다.

14 ②

㉠ 먼발치기 → 먼발치
㉢ 다시마자반 → 부각
㉦ 부지팽이 → 부지깽이

15 ②

② **시치미를 떼다.** : 자기가 한 일을 하지 않았다고 하거나 알면서 모르는 체하다.
① **입이 밭다.** : 음식을 심하게 가리거나 적게 먹다.
③ **발 벗고 나서다.** : 적극적으로 나서다.
④ **눈코 뜰 사이 없다.** : 정신 못 차리게 몹시 바쁘다.

16 ④

자음의 기본자 … ㄱ, ㄴ, ㅁ, ㅅ, ㅇ
① 'ㆆ'는 가획자(加劃字)이다.

17 ④

④ 평성은 낮은 소리로 방점을 찍지 않는다.

18 ④

중세 국어에서는 현대 국어에서는 단모음인 'ㅐ, ㅔ'가 이중 모음으로 발음되었고(ㄱ), '말쏘미(말쏨 + 이)', '기프니(깊− + −으니)'처럼 이어 적기 방식이 일반적으로 사용되었다(ㄴ). 또한 이웃 나라와 접촉하는 과정에서 중국어(예 붇[筆]), 몽골어(예 바톨[勇男]), 여진어(예 투먼[豆滿])에서 온 외래어가 사용되었다(ㄹ). 그러나 받침에는 주로 'ㄱ, ㄴ, ㄷ, ㄹ, ㅁ, ㅂ, ㅅ, ㆁ'의 여덟 글자를 사용하였다.(ㄷ)

19 ①

초현실주의 … 프로이드의 정신분석학의 영향으로, '자동 기술법'을 바탕으로 하여 무의식의 세계를 표출하려는 경향이다. 대표작에 제임스 조이스의 「율리시스」, 버지니아 울프의 「세월」, 마르셀 프루스트의 「잃어버린 시간을 찾아서」, 이상의 「날개」 등이 있다.
② 낭만주의   ③ 사실주의   ④ 자연주의

20 ①

동국전운(東國正韻) ⋯ 1448년 신숙주 · 최항 · 박팽년 등이 세종의 명을 받고 편찬 간행한 한국 최초의 운서, 6권 6책 전질로 되어 있다. 1972년 3월 2일 국보 제142호로 지정되었으며, 현재 건국대학교 박물관에 소장되어 있다. '동국정운'은 우리나라의 바른 음이라는 뜻으로, 중국의 운서인 홍무정운(洪武正韻)을 참고하여 만든 것이다. 본문의 큰 글자는 목활자, 작은 글자는 1434년(세종 16)에 만든 구리활자인 갑인자, 서문은 갑인자 대자로 기록되어 있다. 구성은 서문 7장, 목록 4장, 권1은 46장, 권2는 47장, 권3은 46장, 권4는 40장, 권5는 43장, 권6은 44장으로 구성되어 있다.

② 홍무정운(洪武正韻) : 중국 명나라 때의 운서. 명나라 태조(太祖) 연간인 1375년(洪武 8)에 황제의 명으로 악소봉(樂韶鳳) · 송염(宋濂) 등이 편찬한 15권의 운서이다.

③ 훈몽자회(訓蒙字會) : 최세진이 어린이들의 한자 학습을 위하여 지은 책으로 1527년(중종 22)에 간행된 이래 여러 차례 중간되었다.

④ 사성통해(四聲通解) : 1517년(중종 12) 최세진이 편찬한 중국본토자음용 운서로 「홍무정운역훈(洪武正韻譯訓)」(1455)의 음계를 보충하고, 자해(字解)가 없는 신숙주(申叔舟)의 「사성통고」를 보완하기 위해 편찬되었다.

21 ①

① 역사 소설은 역사적 사건이나 인물, 풍속 등 사실(史實)을 제재로 구성한 허구적인 이야기이다.

22 ③

③ 「정읍사」는 백제의 가요로 「악학궤범」에 전한다.

23 ④

④ 「한림별곡」은 경기체가이다.

24 ②

② 김시습의 「금오신화」는 공간적 배경을 우리나라로 설정하였으며, 주인공도 우리나라 사람이다.

25 ④

① 膏肓(고황)

② 誘惑(유혹)

③ 看過(간과)

[제2과목] 일반상식(사회, 한국사)

1 ①

② 캘린더 효과 : 일정 시기에 증시가 등락하는 현상이다.

③ 채찍 효과 : 수요정보가 전달될 때마다 왜곡되는 현상이다.

④ 쿠퍼 효과 : 금융정책 효과의 시기가 다르게 나타나는 현상이다.

2 ③

뱅크런 … 예금주들이 은행에 맡긴 돈을 제대로 받을 수 없을지도 모른다는 공포감에서 발생하는 대규모 예금인출사태를 일컫는다. 금융당국은 은행이 예금 지급 불능 사태가 되더라도 일정 규모의 예금은 금융당국이 보호해주는 예금보험제도를 시행하고 있다.

① 전대차관 : 외국환은행이 국내 거주자들에게 수입결제자금으로 전대할 것을 조건삼아 도입하는 외화자금이다.

② 워크아웃 : 기업의 재무구조 개선 작업을 말한다.

④ 빅딜 : 기업끼리 대규모 사업을 교환하는 것을 말한다.

3 ①

서킷 브레이커 … 주식 시장에서 주가가 급등, 급락할 때 주식매매를 일시 정지하는 제도로, 크게 3단계로 세분화된다.

② 섀도 보팅 : 주주가 주주총회에 참석하지 않아도 투표한 것으로 간주하여 투표 비율에 따라 결의에 적용하는 제도를 말한다.

③ 공개매수(TOB) : 특정 기업의 주식을 주식시장 외에서 공개적으로 매수하는 적대적 M&A 공격수단이다.

④ 사이드 카 : 현물시장을 안정적으로 운용하기 위해 도입한 프로그램 매매호가 관리제도이다.

4 ③

피구 효과 … 경기불황이 동반하는 물가하락으로 인해 자산의 실질가치가 높아지게 되고 그에 따른 소비 증대가 총수요를 회복시키기 때문에 시장경제가 정부의 적극적인 개입 없이도 경기불황을 해소할 수 있다는 입장이다.

① 전시 효과 : 미디어 등 사회의 소비 영향을 받아 타인의 소비를 모방하려는 성향을 말한다.

② 톱니 효과 : 생산 또는 수준이 일정 수준에 도달하면 이전의 소비 성향으로 돌아가기 힘든 현상을 말한다.

④ 속물 효과 : 특정 상품에 대한 소비 증가 시 수요가 줄어드는 현상이다.

5 ④

뮤추얼펀드 … 미국 투자신탁의 주류를 이루고 있는 형태로 개방형·회사형의 성격을 띤다. 역외펀드는 특정 국가 또는 여러 나라의 주식·채권·수익증권 등 각종 금융상품에 대한 투자를 위해 제3국에서 조성된 자금이다.

① 정크본드 : 신용등급이 낮은 기업이 발행하는 고위험·고수위 채권을 말한다. '고수익채권' 혹은 '열등채'라고도 부른다.

② 헤지펀드 : 소수의 투자자로부터 자금을 모아 운영하는 사모펀드의 종류로 퀀텀펀드 역시 이에 해당한다.

③ 벌처펀드 : 부실기업이나 부실채권에 투자하여 차익을 얻는 것을 말한다.

6 ①

퍼서비어런스 … NASA가 2020년 7월 30일에 발사한 화성 탐사 로버로 2021년 2월 18일 화성 궤도에 집입, 대기권을 거쳐 예제로 크레이터에 착륙했다고 전했다. 향후 2년 동안 화성에서 생명체와 물의 흔적을 탐사하는 임무를 수행하게 된다.

② 메타버스 : 가상현실보다 진보된 개념으로 3차원 가상공간에서 사회적 교류를 하며 사용하는 세계로 SNS, 트위터 등의 서비스가 이에 해당한다. 인프라, 하드웨어, 플랫폼이 메타버스에 포함된다. 대표적으로 네이버에서 운영하는 제페토가 메타버스 플랫폼이다.

③ 보이저 2호 : 천왕성 관측 우주선이다.

④ 파이오니어 10호 : 목성 탐사 우주선이다.

7 ②

호르무즈해협(Strait of Hormuz) … 북쪽의 이란과 남쪽의 아라비아 반도 사이를 가로지르는 너비 55 ~ 95 km의 해협이다. 페르시아 만 연안 국가에서 생산되는 석유의 중요한 반출로이며, 매일 1,700만 배럴의 원유를 운반하는 유조선들이 반드시 지나야 하는 항로이기 때문에 전략적이거나 경제적으로 매우 중요한 요충지이다.

① 아덴만 : 아라비아해와 홍해를 잇는 해역을 말한다.

③ 베링 해협 : 유라시아 대륙 동단의 시베리아와 북아메리카 대륙 서단의 알래스카 사이에 있는 해협을 말한다.

④ 마젤란 해협 : 남아메리카 남단과 푸에고 제도 사이에 있는 태평양과 대서양을 잇는 해협을 말한다.

8 ②

어퍼머티브 액션(Affirmative Action) … 대학 입학심사에서 소수 인종들을 우대하는 정책으로, 취업과 승진, 정부조달 시장 등 모든 사회활동분야에서 소수 인종, 여성, 장애인, 비기독교인, 성적소수자 등을 우대하는 포괄적인 의미로 사용되기도 한다.

① 디아스포라(Diaspora) : 이산(離散)이라는 뜻으로 로마제국으로부터 박해를 받던 유대인들이 일으킨 유대전쟁에서 패하여 세계 각지로 흩어진 것을 말한다.

③ 홀로코스트(Holocaust) : '완전히 타버리다'라는 뜻의 희랍어인 'Holokauston'에서 온 말로, 일반적으로 인간이나 동물을 대량으로 태워 죽이거나 학살하는 행위를 지칭하지만 고유명사로 쓸 때는 제2차 세계대전 중 나치스 독일에 의해 자행된 유대인 대학살을 가리킨다.

④ 블라인드 채용 : 출신지나 학력, 성별 등 선입견을 가질 수 있는 요인을 배제하고 직무능력으로만 평가하여 인재를 채용하는 방식을 말한다.

9 ③

블랭킷 에어리어(Blanket Area) … 두 개의 방송국이 내보내고 있는 전파가 중첩되어 양쪽 또는 어느 한쪽의 방송이 잘 들리지 않는 지역 또는 한 방송국의 전파가 너무 강해서 다른 방송국 전파가 수신이 안 되는 난시청지역을 말한다.

10 ①

아르누보(Art Nouveau) … '신(新) 미술'이라는 뜻으로, 19세기 말 ~ 20세기 초에 걸쳐 유럽에서 개화한 예술운동으로, 전통으로부터의 이탈과 새 양식의 창조를 지향하여 자연주의, 자발성, 단순성, 기술적인 완전을 이상으로 한다.

② 페시미즘(Pessimism)

③ 초현실주의(Surrealism)

④ 앙데팡당(Independant)

11 ①

문화의 전파 … 한 사회의 문화요소들이 다른 사회로 직·간접적으로 전해져서 그 사회의 문화과정에 통합, 정착되는 현상을 의미한다.

12 ④

게리맨더링(gerrymandering) … 선거구를 특정 정당이나 후보자에게 유리하게 인위적으로 획정하는 것으로, 게리맨더링을 방지하여 선거의 평등성을 확보할 수 있다.

① 정치권에서 대선 또는 총선 출마주자로 나섰다가 중도에 다른 후보를 지지하며 사퇴하는 역할을 하는 사람을 일컫는 용어

② 의회의 표결에 있어 가부동수인 경우 의장이 던지는 결정권 투표나, 2대 정당의 세력이 거의 같을 때 그 승패를 결정하는 제3당의 투표

③ 선거를 도와주고 그 대가를 받거나 이권을 얻는 행위

13 ②

보완재와 대체재

㉠ **보완재** : 동일 효용을 증대시키기 위해 함께 사용하는 두 재화로, 협동재라고도 한다.

㉡ **대체재** : 재화 중 같은 효용을 얻을 수 있는 재화로, 경쟁재라고도 한다.

14 ④

④ 도시화의 후기단계에서는 도시적 생활양식이 농촌으로 파급되어 농민의 생활양식도 도시적으로 바뀌게 되는 현상이 나타난다.

15 ④

계획경제 … 사회주의 경제체제 하에서 정부가 민간기업의 역할까지 수행하는 경제체제이다.

16 ③

제시된 표에서 ㉠은 직접세, ㉡은 간접세를 각각 나타낸다. 직접세는 세금의 부담자와 납세자가 같은 세금으로 소득에 기준을 두어 부과하며, 소득이 높아질수록 세율이 높아지는 누진세율을 적용한다. 이에 따라 소득의 불균형을 완화시키는 효과가 있다. 그러나 납세자들이 세금을 덜 내기 위해 소득규모를 축소하여 신고하거나 세원(稅源) 노출을 꺼리게 되는 등 조세저항이 강해진다.

17 ②

② 행정상 손해배상에서 공무원의 고의 또는 과실로 인한 행위로 국민이 손해를 입은 경우 국가가 배상책임을 지지만, 해당 공무원의 책임이 면제되는 것은 아니기 때문에 해당 공무원에게도 책임을 물을 수 있다.

18 ①

① 제시문은 신라의 지증왕 때의 일로, 우산국 복속은 지증왕 13년인 512년에 이루어졌다.

② 마립간이라는 칭호는 내물왕 때부터 사용되었다.

③ 법흥왕 때의 일이다.

④ 진흥왕 때의 일이다.

19 ②

② 일본과의 교류는 발해 5경 중의 하나인 동경 용원부를 통해 이루어졌다.

20 ②

제시된 내용들은 동학농민운동에 의한 폐정개혁안 중 일부이다. 동학농민운동은 반봉건적 · 반외세적 구국운동이었다.

21 ①

㉠ 16세기 농민에게 공납은 가장 무거운 부담이었다. 농민들은 각종 특산물을 공납으로 정부에 바쳤으나 정부는 방납업자에게 공납을 받고 방납업자는 원래 책정된 공납의 3~4배를 농민으로부터 받아 농민의 고통을 가중시켰다.

㉡ 공납의 폐단을 개혁하기 위해 이이, 유성룡 등이 공납을 쌀로 내게 하는 대공수미법을 주장하였다.

㉢ 구휼을 목적으로 실시된 환곡은 담당부서가 의창에서 상평창으로 바뀌면서 일종의 고리대로 변질되었다.

㉣ 군역의 요역화로 농민들이 군사 · 요역을 동시에 부담하였고, 요역의 담당자를 따로 확보하기가 어려웠다.

㉤ 군역은 보법(세조) → 대립제(성종) → 방군수포제(중종) → 균역법(영조) → 호포제(대원군)의 순으로 변천하였다.

22 ③

제시된 내용은 고구려의 진대법에 관한 설명이다. 진대법은 빈민 구휼 제도로 춘궁기 때 가난한 농민들에게 곡식을 대여해 주었다가 추수기 때 원금과 일정량의 이자를 받는 형태이다. 고려의 의창과 상평창, 조선의 환곡이 유사한 성격을 지닌다.

①② 관학진흥책이다.

④ 농촌의 공동협력조직이다.

23 ②

② 김정희에 대한 설명이다. 유득공은 〈발해고〉를 지어 만주지역의 발해를 우리 역사로 편입하였다.

24 ③

제시문은 조선형평사운동이다.

① 천도교 소년회의 방정환과 조철호에 대한 설명이다.

② 화요회에 대한 설명이다.

④ 신간회의 강령이다.

25 ②

제시문은 1991년 발표된 남북기본합의서이다.

① 6 · 15남북공동선언(2000)

③ 7 · 4남북공동성명(1972)

④ 남북정상회담(2000.6)

[제1과목] 국어

1 ④
① 휴계실→휴게실
② 웬지→왠지
③ 세워→새워

2 ③
③ 상보반의어
①②④ 방향 반의어

3 ①
① 쪼개거나 나누어 따로따로 되게 하다.
②④ 물체가 공기나 물을 양옆으로 열며 움직이다.
③ 양쪽으로 열어젖히다.

4 ②
② 우렛소리/천둥소리가 복수 표준어이다.

5 ①
② 철수 뿐이다→철수뿐이다
③ 떠난지→떠난 지
④ 애 쓴만큼→애쓴 만큼

6 ③
• 다국의 이해관계가 얽힌 일은 (예측)하기가 어렵다.
• 비행기 연착으로 인해 주말 아침에 귀국하려던 (계획)에 차질이 생겼다.
• 그의 의견은 비현실적인 (구상)에 불과했다.
① 구상 : 앞으로 이루려는 일에 대하여 그 일의 내용이나 규모, 실현 방법 따위를 어떻게 정할 것인지 이리저리 생각함. 또는 그 생각
② 예측 : 미리 헤아려 짐작함
④ 계획 : 앞으로 할 일의 절차, 방법, 규모 따위를 미리 헤아려 작정함. 또는 그 내용
③ 관측 : 육안이나 기계로 자연 현상 특히 천체나 기상의 상태, 추이, 변화 따위를 관찰하여 측정하는 일

7 ④
① 글래스→글라스, 초콜렛→초콜릿
② 스프→수프
③ 화이팅→파이팅

8 ①
① 만만잖다→만만찮다 : '만만찮다'는 '만만하지 않다'가 줄어든 것이다. 한글 맞춤법 제4장 제5절 제39항에 따르면, 어미 '-지' 뒤에 '않-'이 어울려 '-잖-'이 될 적과 '-하지' 뒤에 '않-'이 어울려 '-찮-'이 될 적에는 준 대로 적는다.

9 ②

② 부딪치다 : '부딪다(무엇과 무엇이 힘 있게 마주 닿거나 마주 대다. 또는 닿거나 대게 하다.)'를 강조하여 이르는 말

① 부시다→부수다(단단한 물체를 여러 조각이 나게 두드려 깨뜨리다.)

③ 얇다→가늘다(물체의 굵기가 보통에 미치지 못하고 잘다.)

④ 겉잡다→걷잡다(마음을 진정하거나 억제하다.)

10 ②

① 뒷편→뒤편

② 장미빛→장밋빛, 갯수→개수, 뒷처리→뒤처리

④ 인삿말→인사말, 북어국→북엇국

11 ④

④ 말리다 : 다른 사람이 하고자 하는 어떤 행동을 못하게 방해하다.

①②③ 마르다 : 물기가 다 날아가서 없어지다.

12 ②

① 모두 통사적 합성어

③ 눈사람, 열쇠→통사적 합성어

④ 새빨갛다→파생어

13 ③

③ 황소바람 : 좁은 틈으로 세게 불어 드는 바람.

14 ④

④ 낮게 읊조리는[읍쪼리는] 그의 목소리가 마치 저승사자 같았다.

15 ②

① 압구정 – Apgujeong

③ 속리산 – Songnisan

④ 경복궁 – Gyeongbokgung

16 ①

① 순경음은 훈민정음 28자(초성 17자 체계)에 속하지 않는다(ㅸ, ㆄ, ㅹ, ㅱ).

17 ③

소실 문자가 없어진 순서 ⋯ ㆆ → ㅸ → ㆅ→ ㆀ → ㅿ → ㅇ → ·

18 ④

① ᄆᆞᆯ : 말(馬), 말 : 말씀(言)

② 믈 : 물(水), 물 : 무리(衆)

③ ᄒᆞ다 : 하다(爲), 하다 : 많다(多)

19 ④

원순 모음화(순음 'ㅁ, ㅂ, ㅍ' 뒤에 오는 모음 'ㅡ'가 'ㅜ'로 바뀌는 현상 ⑩ 믈 > 물)와 구개음화('ㄷ, ㅌ, ㅎ, ㆅ'이 'ㅣ' 계열 모음 앞에서 구개음 'ㅈ, ㅊ, ㅅ, ㅆ'으로 바뀌는 현상 ⑩ 뎡직 > 정직)가 진행된 시기는 근대 국어 시기이다. 나머지 특징은 중세 국어의 음운상 특징에 해당한다.

20 ②

② 염상섭의 「삼대」는 1920년대 서울을 배경으로 만석꾼인 조씨 일가의 할아버지, 아버지, 아들 3대가 서로 다른 가치관 아래서 어떻게 살아가는가를 그린 장편 소설이다.

21 ①

① 「공무도하가」는 어느 백수광부의 처가 물에 빠져 죽은 남편을 애도하며 지어 부른 노래이다. 이 사실을 목격한 곽리자고가 자기의 아내 여옥에게 알려주니 그녀는 공후를 뜯으면서 그것을 이웃집 여자 여옥에게 가르쳐줌으로써 세상에 널리 퍼지게 되었다.

22 ②

② 최초의 경기체가 ①③④ 고려속요(가요)

23 ①

「사모곡」은 어머니의 사랑을 예찬한 비연시로, 신라 때의 「목주가」의 후신이라고도 하는 작품이다.

24 ④

④ 遊說(유설) → 遊說(유세)

25 ①

제시된 속담은 모두 사람사이의 관계에 관련한 속담들이다.

㉠ 같은 성격의 무리들끼리 어울려 같이 지냄을 이르는 말

㉡ 밀접한 관계가 있는 것 끼리 서로 붙어 다님을 이르는 말

㉢ 어떤 일이든 서로 뜻이 잘 맞아야 성공할 수 있음을 이르는 말

㉣ 사람의 속마음은 특히 짐작하기가 어렵다는 것을 이르는 말

㉤ 미운 사람에게는 없는 일도 만들어 내어 나무라는 것을 이르는 말

[제2과목] 일반상식

1 ①

② 니어쇼어링 : 리쇼어링이 어렵다고 판단되면 인접 국가로부터 아웃소싱하는 개념이다.

③ 오프쇼어링 : 기업 업무의 일부를 해외 기업에 맡기는 아웃소싱의 한 형태이다.

④ 프렌드쇼어링 : 우호국이나 동맹국들과 공급망을 구축하는 움직임이다.

2 ③

알트코인 … 비트코인을 제외하는 모든 가상화폐를 의미한다. 이더리움, 리플, 라이트코인이 대표적이다.

3 ①

GHI(Global Hunger Index) … 세계 기아 지수이다. 독일 세계기아원조와 미국 세계식량연구소가 협력하여 2006년부터 전 세계 기아 현황을 파악하여 발표하고 있다. 낮음(Low), 보통(Moderate), 심각(Serious), 위험(Alarming), 극히 위험(Extremely Alarming) 총 다섯 단계로 나눌 수 있다.

② IPC 척도(Integrated Food Security Phase Classification) : 식량 부족 문제 정도를 진단하기 위한 기준이다.

③ FAO(Food and Agriculture Organization of the UN) : 1945년에 출범한 국제연합식량농업기구로 우리나라는 1949년 11월에 가입하였다.

④ IFPRI(International Food Policy Research Institute) : 미국의 세계식량정책연구소로 1975년에 설립되었다.

4 ③

제시된 상황은 자신이 정통한 분야에 대해서는 임무 수행능력이 탁월하지만 조금이라도 그 분야를 벗어나면 낭떠러지에서 떨어지듯 일시에 모든 문제해결능력이 붕괴되는 낭떠러지 효과와 관련 있다.

5 ②

그레셤의 법칙 … 영국의 재정가 그레셤이 "악화(惡貨)가 양화(良貨)를 구축(驅逐)한다"고 표현하여 그레셤의 법칙이라고 한다. 나쁜 돈이 좋은 돈을 몰아낸다는 뜻으로, 그레셤의 법칙은 소재의 가치가 서로 다른 화폐가 동일한 명목 가치를 가진 화폐로 통용되면 소재 가치가 높은 화폐(양화)는 유통시장에서 사라지고 소재 가치가 낮은 화폐(악화)만 유통되는 것을 뜻한다.

① 엥겔의 법칙 : 소득수준이 낮을수록 전체 생계비에서 식료품 소비 비율이 높아진다는 엥겔이 발견한 법칙이다.

③ 기술혁신 : 새로운 생산기술의 획기적인 발전을 비롯한 새로운 상품의 도입이 경제구조를 개편한다는 슘페터의 주장이다.

④ 비교우위론 : 한 국가에서 모든 재화가 상대국보다 절대 우위에 있다고 하더라도 상호 무역을 통하여 이익을 창출할 수 있다는 리카도의 이론이다.

6 ②

② 양자컴퓨터의 기본 단위는 큐비트(Qubit)이다. 큐비트는 비트(Bit)와 달리 양자역학의 중첩(superposition) 원리를 이용해 0과 1을 동시에 표현할 수 있다. 이 덕분에 큐비트는 여러 상태를 동시에 처리할 수 있어 복잡한 연산을 병렬로 수행하게 된다. 또 다른 중요한 원리인 얽힘(entanglement)을 통해 큐비트 간 정보 공유가 이루어져 고성능의 연산 능력을 발휘할 수 있다.

7 ②

경인선 … 서울과 인천을 잇는 최초의 철도이다. 1899년에 인천과 노량진 사이에 부분 개통되었고 1900년 한강철교가 준공되자 완전 개통되었다. 경인선의 복선화는 1960년대에 이루어졌고 1974년 수도권 전철화 계획으로 전철화되었다.

8 ④

시아파(Shia) … 이슬람교의 2대 종파의 하나로 이단파라고도 한다. 시아는 '당파'의 뜻이다. 마호메트가 죽은 후 후계자의 한 사람인 알리와 그 자손을 이맘(지도자)로 모셨는데, 그 절대성이 강조되어 이맘을 숭배하는 사람은 모든 죄가 용서되는 등 마호메트 이상으로 숭배되어 이맘의 언행은 코란에 우선되기까지 하였다.

① 수니파(Sunni) : 이슬람의 가장 큰 종파이자 정통자이다.

② 와하브파(Wahhab) : 18세기 중엽부터 아라비아에서 일어난 이슬람교의 복고운동파를 말한다.

③ 무타질라파(Mutazila) : 8 ~ 10세기에 번창하였던 이슬람교의 선구적인 합리주의 신학파를 말한다.

9 ①

② 브레인 포그 : 희뿌연 안개가 머리에 낀 것처럼 생각과 표현이 불분명한 상태를 말한다.

③ 임픈나이트 : 코로나19 백신 접종자에 대한 부러움을 나타내는 용어이다.

④ 메그시트 : 영국 해리왕자와 마클 왕자비가 영국 왕실에서 독립을 선언한 것을 말한다.

10 ②

미장센(Mise en scene) … 본래 연출을 의미하며 연극 공연에서는 서사를 효과적으로 전달하기 위해 사용하는 연출기법을 말한다.

① 셋업(Set Up) : 영화의 각 쇼트를 준비하는 과정이다.

③ 시주라(Caesura) : 리드미컬한 단절을 말한다.

④ 콘티뉴이티(Continuity) : 작품의 의도를 분명히 하기 위해 영화의 일부분과 아이디어를 발전시키고 구조화하는 것을 가리킨다.

11 ③

③ 사회적 소수자는 단순히 수가 적다고 하여 구분하는 것이 아니며 신체적 · 문화적 특징 때문에 다른 구성원들로부터 불평등한 처우를 받으며 집단적 차별의 대상이 되는 사람을 의미한다.

12 ④

취소 … 법률행위가 일단 유효한 법률행위로서 효력을 발생하였으나 후에 법률행위가 있었던 때에 소급하여 효력을 잃게 되는 것이다. 즉, 법률행위를 한 날로 소급하여 무효였던 것으로 취급하기 때문에 취소로 하기 전에는 효력이 있는 것으로 다루어진다.

13 ①

① 제시된 내용은 사회보험인 노인장기 요양보험에 대한 설명이며 의료급여제도는 공적부조에 해당한다.

※ 노인장기 요양보험 … 고령이나 노인성 질병 등의 사유로 일상생활을 혼자서 수행하기 어려운 노인 등에게 신체활동 또는 가사활동 지원 등의 장기요양급여를 제공하여 노후의 건강증진 및 생활안정을 도모하고 그 가족의 부담을 덜어줌으로써 국민의 삶의 질을 향상하도록 함을 목적으로 시행하는 사회보험제도이다.

14 ③

③ 범죄피해자의 구조청구권에 대한 내용으로 신체의 자유와는 무관하다.

※ **헌법이 보장하는 신체의 자유** ⋯ 죄형 법정주의, 이중처벌 금지의 원칙, 연좌제 금지, 적법 절차의 원리, 고문 금지, 묵비권, 영장 제도, 변호인의 조력을 받을 권리, 체포·구속의 이유 및 변호인의 조력을 받을 권리 고지(미란다 원칙), 구속적부 심사제, 자백의 증거 능력과 증명력의 제한, 형벌 불소급의 원칙, 일사부재리의 원칙 등이 있다.

15 ②

A는 완전경쟁시장, B는 독점적 경쟁시장, C는 과점시장, D는 독점시장이다.
① D시장에 대한 설명이다.
③④ A시장에 대한 설명이다.

16 ②

(개) 국내 총생산은 '소비지출 + 투자지출 + 정부지출 + 순수출'로 계산할 수 있다.
(대) 마찰적 실업은 자발적 실업에 속한다.
(매) 스태그플레이션(stagflation)에 대한 설명이다.

17 ④

④ 반달돌칼은 청동기시대의 유물이다.

18 ④

탄약 제조, 화약 제조, 제도, 전기, 소총 수리 등 청의 무기제조법과 근대적 군사훈련법을 배우도록 청에 파견된 것은 영선사(1881)이다. 유학생들은 1882년 1월 톈진의 기기국에 배속되어 화약·탄약 제조법, 기계 조작법 등 근대적 군사 지식뿐 아니라 자연과학 및 외국어 등도 학습하였다. 임오군란의 발발로 소기의 성과를 거두지 못하고 1년 만에 귀국하였으나, 이를 계기로 서울에 근대적 무기제조 기구인 기기창이 세워지게 되었다.

19 ③

㉠ 신문왕은 왕권 강화의 차원으로 녹읍제를 폐지하고 관료전의 지급을 실시하였다.

㉡ 광종은 신진관료 양성을 통한 왕권의 강화를 목적으로 하여 무력이 아닌 유교적 학식을 바탕으로 정치적 식견과 능력을 갖춘 관료층의 형성을 위해 과거제도를 실시하였으며 공복을 제정하여 관료제도의 질서를 통한 왕권의 확립을 꾀하였다.

㉢ 태종은 국정운영체제를 도평의사사에서 의정부서사제로, 다시 이를 6조직계제로 고쳐 왕권을 강화하였으며, 사원의 토지와 노비를 몰수하여 전제개혁을 마무리하고, 개인의 사병을 혁파하고 노비변정도감이라는 임시관청을 통해 수십만의 노비를 해방시키는 등 국가 재정과 국방을 강화하기 위한 노력을 하였다.

20 ①

제시된 내용은 고려중기 여진족(금)이 침입할 당시 이자겸과 척준경을 비롯한 보수적 문벌귀족들이 금국과의 사대관계를 해야 함을 주장하는 내용이다. 이러한 사대주의적 경향은 이후 김부식으로 이어졌으며, 이에 대해 묘청을 중심으로 한 서경파 문벌귀족들은 자주적 성향을 보이며 금국정벌론을 주장하였다.

② 강감찬의 귀주대첩은 금의 침입이 아닌 거란의 침입을 막아낸 것이다.

③ 당은 삼국통일을 전후로 평양에 안동도호부를 설치하려고 하였다.

④ 김부식은 사대주의적 성향으로 금나라와의 화친을 주장하였다.

21 ①

도평의사사와 비변사의 기능이 확대, 강화됨으로써 왕권이 상대적으로 약화되었다.

22 ④

세종, 세조 때의 과학기술의 발달은 농정과 밀접한 관련이 있다. 특히 농지의 요체는 오시를 지키는 문제와 직결되었다. 아울러 백성들이 농시를 제대로 지킬 수 없었던 것이 관리들이 농사철에 농민들을 부역에 많이 동원하기 때문이라고 판단하고 이를 법으로 금하였다.

23 ③

향음주례는 유교 육례의 하나로 매년 음력 10월 향촌의 선비 및 유생들이 향교나 서원에 모여 예로서 주연은 함께 즐기는 향촌의례이다. 향약과 향음주례는 고려 말부터 조선 초기까지 자발적으로 유향소에서 시행되었으며 주자학적인 방도로 향촌을 교화하며 사회질서를 확립하려는 사람들에 의한 운동이었다. 그러나 향사례와 향음주례에 의한 향촌질서의 개편이 무의미함을 판단한 사람들은 유향소에 얽매이지 않고 향약을 추진하기 시작하였으나 기묘사화로 중단되어 중종 때 다시 부활하였다.

24 ③

③ 1951년 조인된 샌프란시스코 강화조약에 대한 설명이다. 1945년 7월 포츠담 회담에서는 일본에 대한 전쟁 종결의 조건을 발표하였고 일본 군대의 무장해제, 일본 전범자 처벌, 일본 군수산업의 금지와 평화산업의 유지, 일본 민주주의정부 수립과 동시에 점령군의 철수, 일본군의 무조건 항복, 한국 독립 재확인 등의 내용이 선언되었다.

25 ④

헤이그 특사 파견(1907)은 을사조약(1905) 체결 이후 일본의 부당함을 알리기 위해 고종의 명령으로 비밀리에 전개된 사건이다. 당시 네덜란드의 수도인 헤이그에서 제2차 만국평화회의가 열리고 있었는데 고종은 이 회의에 이상설, 이위종, 이준을 파견하여 조선의 독립과 일본의 무단성을 알리고자 했다. 하지만 특사 파견은 성공하지 못하고 일본에 발각되어 일본은 고종을 강제 퇴위시키고 군대를 해산하는 정미조약(1907)을 체결하게 된다.

① 아관파천(1896)

② 독립협회(1896~1898)

③ 일본의 경의선 철도부설권 확보(1906)

제4회 정답 및 해설

[제1과목] 국어

1 ③

③ '얽히고설키다'에서 '얽히고'는 어법에 맞게 적은 것이고, '설키다'는 소리나는 대로 적은 것으로 전항과 후항에 모두 해당되는 예시이다.

2 ④

피동, 사동의 접미사 '-기-'는 된소리로 발음하지 않는다. 안기다[안기다]로 발음한다.

3 ③

합성어 : 꺾꽂이, 빛나다, 겉늙다, 끝장
파생어 : 홑몸, 빗나가다, 헛웃음, 짓이기다

4 ①

② **곰삭다** : 젓갈 따위가 오래되어서 푹 삭다.

③ **소화하다** : 섭취한 음식물을 분해하여 영양분을 흡수하기 쉬운 형태로 변화시키다, 또는 고유의 특성으로 인하여 다른 것의 특성을 잘 살려 주다.

④ **일다** : 희미하거나 약하던 것이 왕성하여지다.

5 ②

② 한글 맞춤법 제27항 둘 이상의 단어가 어울리거나 접두사가 붙어서 이루어진 말은 각각 그 원형을 밝히어 적는다.

※ **접두사 '새-/시-, 샛-/싯-' 구별**
된소리나 거센소리 앞에는 '새-/시-'를 붙이되, 어간 첫음절이 양성 계열 모음일 때는 '새-', 음성 계열 모음일 때는 '시-'로 적는다. 반면 뒤에 오는 형용사가 울림소리로 시작할 때 '샛-/싯-'으로 적는다.

6 ③

'버리다'는 동사 뒤에서 '-어 버리다' 구성으로 쓰여 앞말이 나타내는 행동이 이미 끝났음을 나타내는 보조 동사이므로 '떠내려가 버리다'는 '본용언+보조 용언'의 구성이다. 본용언이 합성어인 경우 붙여 쓰는 것이 허용되지 않으므로 '떠내려가 버렸다'로 띄어 써야한다.

7 ①

• **지원**(志願) : 일이나 조직에 뜻을 두어 한 구성원이 되기를 바람.
• **지원**(志願) : 뜻을 두어 원함.
• **지원**(支援) : 지지하여 도움.

8 ③

제시된 글의 '-겠-'은 주체의 의지를 나타내는 어미이다. 따라서 ③에서 쓰이는 '-겠-'이 문맥적 의미가 가장 가깝다.

9 ②

① 쫓다가[쫀따가]
③ 밭갈이를[받까리를]
④ 맑게[말께]

10 ④

비통사적 합성어 : 접칼, 높푸르다, 척척박사, 산들바람, 덮밥, 여닫다

통사적 합성어 : 손발, 돌다리, 첫사랑, 어린이, 재미있다

11 ①

① **가멸다** : 재산이나 자원 따위가 넉넉하고 많다.

12 ②

ⓛ 벚꽃 – Beotkkot
ⓔ 촉성루 – Chokseongnu
ⓜ 안압지 – Anapji

13 ④

④ 설명하거나 증명하기 위하여 사실을 가져다 대다.
① 빛, 볕, 물 따위가 안으로 들어오다.
② 다른 사람의 말이나 소리에 스스로 귀 기울이다.
③ 아래에 있는 것을 위로 올리다.

14 ①

① 예사일 → 예삿일

15 ②

② '받히다'는 '받다'의 사동사로 '머리나 뿔 따위로 세차게 부딪치다', '부당한 일을 한다고 생각되는 사람에게 맞서서 대들다.' 등의 의미를 가진다. 그러므로 ②번에서는 '물건의 밑이나 옆 따위에 다른 물체를 대다.'의 의미를 가진 '받치고'를 사용하는 것이 적절하다.

16 ③

① 콘텐츠
② 브리지
④ 수프

17 ④

인용은 남의 말이나 글 중에 필요한 부분을 끌어와 설명하는 방법이다. 위 글에서는 속담을 빌려와 주제를 뒷받침하고 있다.

18 ①

'서르'가 '서로'로 변한 것은 이화·유추·강화 현상과 관계있다.
① 원순모음화
② 강화
③ 이화, 강화
④ 즁싱 > 즘싱(이화) > 즘승(유추) > 짐승(전설모음화)

19 ③

(아래 아)음이 완전히 소실되는 것은 18세기 중엽이며, 단모음화는 18세기 후반에 일어났다. 초성글자 'ㆆ'의 소실은 15세기 중엽에 일어났으며, 구개음화는 대체로 17세기 말~18세기 초에 나타난다.

※ '가르치다'와 '가르키다'

    ㉠ **가르치다** : 일깨워 알게 하다

        예) 학교에서 국어를 가르친다.

    ㉡ **가리키다** : 집어서 이르다. 알리다.

        예) 저 산을 가리켰다

20 ②

근대 국어 이후 성조의 소멸과 더불어 의미를 변별하기 어렵게 되고 이 때문에 '소리의 길이(장음, 단음)'이라는 운소가 등장하게 되었다.

21 ④

④ 희곡은 대사와 행동을 통해 인물의 심리가 간접적으로 드러나지만, 소설은 세세한 심리 분석과 내면 탐구가 가능하다.

22 ①

향가는 「삼국유사」에 14수, 「균여전」에 11수가 전하고 있다.

23 ④

④ 「한림별곡」은 귀족들의 향락적 풍류생활과 유생들의 학문적 자부심을 그리고 있다.

24 ②

② 뽕나무 밭이 푸른 바다로 변한다는 뜻으로, 세상이 몰라볼 정도로 변함을 비유한 말이다.

① 자신의 흉은 모르고 남의 잘못이나 결함만을 흉봄을 비유적으로 이르는 말.

③ 여러 사람이 자기주장만 내세우면 일이 제대로 되기 어려움을 비유적으로 이르는 말.

④ 한마디 말을 듣고도 여러 가지 사실을 미루어 알아낼 정도로 매우 총기가 있다는 말.

25 ③

③ 남을 모함하던 교씨의 사악함이 만천하에 드러나 처형되었다는 이야기이므로 모든 일은 반드시 바른길로 돌아간다는 의미의 사필귀정이 적절하다.

[제2과목] 일반상식

1 ②

넷카시즘(Netcarthism) … 소셜 네트워크 서비스를 통하여 다수의 네티즌들이 특정 인물을 사회에 알려 마녀사냥 식으로 매장하는 행위를 가리킨다.

② 대중지성 : 온라인을 통하여 뭉쳐진 개인 지성의 합을 말한다.

2 ①

블루 라운드 … 1995년 1월 세계무역기구의 출범을 전후하여 새로운 통상문제가 계속 제기되었다. 이에 선진국들이 개발도상국에 비해 우위에 있는 환경권·노동권·경제정책 등의 문제를 무역과 연계하려는 움직임이 활발해졌다. 블루라운드는 국가 간의 통상 문제에 노동기준과 무역을 연계시키기 위한 선진국들의 무역정책 중 하나이다.

② 우루과이 라운드 : 관세 및 무역에 관한 일반 협정하에 논의되던 제8차 다자간 무역협상이다.

③ 그린 라운드 : 지구의 환경을 보존하고 오염된 환경을 개선하기 위하여 세계 여러 국가가 국제 무역거래와 연계하여 벌이는 다자간 협상이다.

④ 기술 라운드 : 각국 정부의 연구개발 투자에 대한 지원이 공정무역 질서에 혼란을 줄 시 이를 국가 간에 규제하려는 움직임이다.

3 ③

① 넛지 효과 : 팔을 잡아끄는 것처럼 강제적인 억압보다 팔꿈치로 툭 치는 정도의 부드러운 개입을 의미한다.

② 루핑 효과 : 사람들이 평소 관심을 보이지 않던 특정 사실이 매스컴을 통해 보도되면서 관심이 집중되고 새로운 사실로 받아들이며 그에 대해 영향을 받고 확대되는 현상을 나타내는 용어이다.

④ 나비 효과 : 작은 변화나 사건이 엄청난 결과를 불러온다는 이론이다.

4 ②

① 워크셰어링 : 노동자들의 임금을 삭감하지 않고 고용을 유지하는 대신 근무시간을 조정하는 제도이다.

③ 코피스족 : 커피전문점에서 업무를 보는 사람들을 일컫는 말이다.

④ 퍼플잡 : 근로시간과 근로 장소를 탄력적으로 선택하는 근로방식을 말한다.

5 ②

큰곰자리 … 큰곰자리는 북두칠성을 중심으로 이루어진 북쪽 하늘의 큰 별자리이다. 큰 국자라고도 한다.

① 카시오페이아 : 에디오피아의 왕비 카시오페이아가 의자에 앉아 있는 모습으로 W자를 그리고 있다. 북극성을 축으로 북두칠성과는 서로 반대편에 있어, 하늘의 길잡이 역할을 한다. 특히 가을과 겨울에 잘 보인다.

③ 작은곰자리 : 북극성이 속한 별자리로, 1년 내내 북쪽 하늘에서 볼 수 있다. 큰곰자리와 서로 대조를 이룬다. 작은 국자라고도 한다.

④ 오리온자리 : 겨울철 남쪽 하늘에서 볼 수 있는 별자리이다. 화려하고 가장 찾기 쉬운 별자리로 꼽힌다.

6 ②

계절풍 기후 … 한국·일본·중국·동남아시아 등 계절풍의 영향을 받는 지역의 기후로, 몬순기후라고도 하며, 우리나라 여름에는 남동 계절풍의 영향을 받아 고온다습하며, 겨울에는 북서 계절풍의 영향을 받아 한랭건조하다.

① 해양성 기후 : 대륙성 기후에 비하여 기온의 일변화와 연변화가 적고 연교차 또한 적다.

③ 대륙성 기후 : 대륙지방의 영향을 강하게 받는 기후로 겨울에는 고기압이 발달하여 맑은 날이 많고 바람이 약하지만 여름에는 기압이 낮아서 비가 내리는 일이 잦다.

④ 열대우림 기후 : 열대기후 중 건기 없이 매월 강수량이 풍부한 기후를 말한다.

7 ②

소피스트 … 진리를 상대적인 기준으로 바라보고, 설득을 목적으로 한 수사학과 웅변술 등을 가르쳤던 사람들을 말한다. 프로타고라스, 고르기아스 등이 대표 소피스트이다.

① 탈무드 : 유대인 율법학자들이 유대교의 율법, 사상, 전통 등에 대하여 구전·해설한 것을 집대성한 책이다.

③ 테아이테토스 : 고대 그리스 철학자 플라톤의 저서이다.

④ 크리티아스 : 플라톤과의 친척이자 소크라테스의 제자로, 고대 그리스 철학자이다.

8 ①

팩저널리즘(Pack Journalism) … 취재 방법, 시각 등이 획일적이고 독창성이 없어 개성이 없는 저널리즘

② 옐로저널리즘(Yellow Journalism) : 대중의 호기심에 호소하여 흥미 본위로 보도하는 센세이셔널리즘 경향을 띠는 저널리즘이다.

③ 제록스저널리즘(Xerox Journalism) : 극비문서를 제록스로 몰래 복사해서 발표하는 저널리즘이다.

④ 포토저널리즘(Photojournalism) : 사진기술로 대상이 되는 사실이나 시사적인 문제를 표현하고 보도하는 저널리즘이다.

9 ③

카스트라토(Castrato) … 여성이 무대에 설 수 없었던 18세기 바로크시대의 오페라에서 여성의 음역을 노래한 남성 가수이다. 3옥타브 반의 목소리를 낸 그들은 이를 위해 변성기 전인 소년 시절에 거세당하였다.

① 파리넬리(Farinelli) : 18세기 이탈리아의 유명한 카스트라토이다.

② 카운터테너(Counter Tenor) : 테너를 넘어선 남성의 성악 음역 또는 가성으로 소프라노의 음역을 구사하는 남성 성악가를 말한다.

③ 테너(Tenor) : 남성의 음역 중 가장 높은 음역이다.

10 ①

1986년부터 시작된 KDX(한국형 구축함)사업의 결과로 광개토대왕함, 을지문덕함, 양만춘함 등이 구축되었다. 광개토대왕함은 한국형 구축함(KDX)의 1번함으로 해군 최초 대공미사일을 탑재했고, 상세설계에서 건조까지 우리 기술로 만들어진 본격적인 헬기탑재구축함이다.

② 이종무함 : 다섯 번째로 진수(進水)한 잠수함이다.

③ 김좌진함 : 네 번째로 진수한 잠수함이다.

④ 장보고함 : 한국 최초의 잠수함이다.

11 ③

보통선거 … 일정 연령에 도달한 사람은 성별·재산·종교·교육에 관계없이 누구나 선거를 할 수 있는 제도이다. 이것 때문에 정치인은 뭇사람들(대중)을 정치적 계산에 넣을 수밖에 없게 되었다. 반면, 대중은 특정세력이나 권력집단에 의해 의사결정을 쉽게 바꾸는 경향이 있어 언론 등 여론형성매체의 힘을 기하급수적으로 키우는 결과를 낳았다.

※ 신문이나 방송매체를 입법부, 사법부, 행정부와 견주어 제4부라고 부르기도 한다.

12 ③

① 법원은 당사자의 신청이 있는 경우 외에 직권제청으로도 헌법재판소에 위헌법률 심판의 제청을 할 수 있다.

② 당해 사건의 당사자인 경우에는 법원에 위헌법률심판 제청신청을 하지 않고 직접 헌법재판소에 위헌법률심판을 청구할 수는 없다.

③ 당해 사건의 법원이 당사자의 위헌법률심판 제청신청을 기각 또는 각하하면 당사자는 헌법재판소에 헌법소원심판을 청구할 수 있다.

④ 당해 사건의 법원이 당사자의 위헌법률심판 제청신청을 기각하면 당사자는 법원의 기각결정에 대해 항고할 수 없고, 직접 헌법재판소에 헌법소원심판을 신청할 수 있다.

13 ①

갑은 '기능론'의 관점에서 사회 계층 현상을 바라보았고 을은 '갈등론'의 관점에서 사회 계층 현상을 바라보았다.

14 ③

제시문은 마르크스주의의 근거가 되는 사적유물론에 대한 설명이다.

① 사회변동의 요인은 그 사회의 내재적 요인으로부터 나타난다.

② 사적 유물론에서는 인간의 존재에 필요 불가결한 물질적 생활의 생산이 사회적 삶 전반을 발달시킨 기초라고 생각한다.

④ 경제적 요소에 의해 사회의 가치체계가 변화될 가능성을 강조하고 있다.

15 ④

① 원자재 가격이 상승한 X재의 가격은 상승할 것이다.

② 가격이 비싸진 X재는 거래량이 감소할 것이다.

③ X재의 대체재인 Y재 수요가 많아져서 가격이 상승할 것이다.

16 ③

지문에서 설명하고 있는 재화는 공공재이다.

③ 공공재의 경우 무임승차문제 때문에 민간에서 공급되기 어려우며 따라서 민간 기업에 맡겨 둘 경우 사회적으로 최적인 수준보다 적게 생산된다.

17 ④

국내 총생산은 자국민의 국내생산과 외국인의 국내생산을 말한다. 따라서 외국에서 생산된 재화를 수입한 것은 국내총생산에 포함되지 않는다.

18 ②

중앙집권체제는 왕위 세습, 율령 반포, 관등이나 관직 등의 제도를 정비함으로써 더욱 강화되었다.

19 ③

발해가 건국된 지역은 고구려 부흥운동이 활발하게 일어난 요동지역이었다. 발해의 지배층 대부분은 고구려 유민이었으며 발해의 문화는 고구려적 요소를 많이 포함하고 있었다.

20 ③

③ 제시된 사료는 이광수가 동아일보에 게재한 '민족적 경륜'의 내용 중 일부이다. 이광수는 1920년대 초반 타협주의로 전향하면서 일제의 식민 지배를 인정하고 자치를 추구해야한다는 자치론을 전개하였다.

① 이광수의 자치론은 신채호 등 무장투쟁론자들에게 비판을 받았다.

② 1930년대 이후 혁명적 노동자, 농민운동의 구호이다.

④ 1920년대 초반 대한민국 임시정부의 독립운동노선이다.

21 ②

고려의 군사제도 … 정치성이 강한 중앙군과 국방적 성격이 강한 지방군이 2원적 조직을 이루고 있었다.

㉠ 중앙군 : 왕의 친위군인 2군과 수도 경비군인 6위를 두었는데, 상장군·대장군 등이 통솔하였다. 중앙군은 대부분 직업군인으로 구성되었으며 군인전을 지급받았다.

㉡ 지방군 : 5도의 각 고을에는 주현군을 두어 향토방위를 담당하게 하였으며, 양계에 배치된 주진군은 국방의 주역을 담당한 상비군이었다(군인전 지급 없음).

㉢ 중방(重房) : 2군 6위의 상장군·대장군으로 구성된 합좌기관(군사최고회의기관)으로, 군사문제를 의논하였으며(중방→장군방→낭장방), 무신정변 이후 권력의 중추기구가 되었다.

22 ②

② 조선 초기를 양천제로 보는 것은 양인을 내부에서 신분이동이 가능한 성취신분으로 이해하려는 견해이다.

①③④ 양반신분이 고정되어 갔음을 뜻한다.

23 ④

신채호의 '조선혁명선언'은 폭력 투쟁에 의해 일제를 타도하자는 내용으로 1920년대 초반의 의열단 선언문이 되기도 하였다. 김원봉을 중심으로 하는 의열단은 한인애국단과 더불어 1920년대의 대표적인 항일무장단체로서, 소속원이었던 김상옥은 종로경찰서를 폭파하고, 나석주는 동양척식주식회사를 폭파하려 하는 등의 활동을 전개하였다.

24 ①

신분제 철폐와 관계되는 개혁 … 갑신정변, 동학농민운동, 갑오개혁

25 ②

㉠ 1950년 ㉡ 1945년 ㉢ 1948년 ㉣ 1953년

[제1과목] 국어

1 ②
② 제시된 단어는 반의관계를 가지고 있다.
①③④에서 제시된 단어는 상하관계를 가지고 있다.

2 ④
① 눈, 비, 서리, 이슬 따위가 오다.
② 쪘거나 부었던 살이 빠지다.
③ 먹은 음식물 따위가 소화되다. 또는 그렇게 하다.
④ 판단, 결정을 하거나 결말을 짓다.

3 ②
〈보기〉에서 제시된 단어는 순우리말로 된 합성어('깨+묵', '아래+마을', '터+마당', '메+나물')로서 앞말이 모음으로 끝나고 뒷말의 첫소리 'ㄴ, ㅁ' 앞에서 'ㄴ' 소리가 덧나는 것에 대한 예시이다.

4 ④
① 심포지움 → 심포지엄
② 스폰지 → 스펀지
③ 메세지 → 메시지, 쉬림프 → 슈림프

5 ③
① 먹을래야 → 먹으려야
② 봉숭화물 → 봉숭아물, 봉선화물
④ 우두머니 → 우두커니

6 ③
③ 이다 : 물건을 머리 위에 얹다.
①②④ 잇다 : 두 끝을 맞대어 붙이다.

7 ④
어간의 끝음절 '하'가 줄어진 형태로 관용되고 있는 형식은 '하'가 아주 준 것으로 보고 준대로 적는다. 이는 주로 안울림소리 받침 뒤에서 나타난다. ④의 '생각컨대'는 생각건대로 적는 것이 적절하다.

8 ④
④ **오목조목** : 자그마한 것이 모여서 야무진 느낌을 주는 모양.

9 ③
① Chaikovskii – 차이콥스키
② milk shake – 밀크셰이크
④ Roosevelt – 루스벨트

10 ④

④에서 제시된 '백암'은 본래 된소리가 나지 않으므로
예시로 적절하지 않다.

11 ②

② '들'이 명사 뒤에 쓰여 두 개 이상의 사물을 나열할
때, 그 열거한 사물 모두를 가리키거나, 그 밖에 같은
종류의 사물이 더 있음을 나타내는 말로 쓰일 경우
의존명사이므로 앞말과 띄어 쓴다.

12 ③

③ '길잡이, 길라잡이'만 표준어이다.

13 ②

② • 닐리리 : 한글 맞춤법 9항에 따라, '의'나, 자음을
　 첫소리로 가지고 있는 음절의 'ㅢ'는 'ㅣ'로 소리
　 나는 경우가 있더라도 'ㅢ'로 적는다.

　• 남존여비 : 한글 맞춤법 제10항에 따라, 한자음 '
　 녀, 뇨, 뉴, 니'가 단어 첫머리에 올 적에는 두음
　 법칙에 따라 '여, 요, 유, 이'로 적는다. 다만, 접
　 두사처럼 쓰이는 한자가 붙어서 된 말이나 합성
　 어에서, 뒷말의 첫소리가 'ㄴ' 소리로 나더라도
　 두음 법칙에 따라 적는다.

　• 혜택 : 한글 맞춤법 제8항에 따라, '계, 례, 몌,
　 폐, 혜'의 'ㅖ'는 'ㅔ'로 소리 나는 경우가 있더라
　 도 'ㅖ'로 적는다.

14 ②

① 신고[신 : 꼬]

③ 갈증[갈쯩]

④ 갈 데가[갈떼가]

15 ①

① 'ㆆ, ㆅ, ㅇ'은 목구멍 소리인 '후음'에 해당한다.

16 ②

문학의 3대 특성

　㉠ **항구성(역사성)** : 문학은 시대를 초월한 인간의 정
　 서를 표현하므로 영원한 생명력을 갖는다.

　㉡ **보편성(일반성)** : 문학은 인간의 보편적 정서를 표
　 현하기 때문에 시간과 공간을 초월하여 보편적 감
　 동을 준다.

　㉢ **개성(특수성)** : 문학은 특수하고 주관적인 체험의
　 표현으로 개성적이고 독창적이다.

17 ③

근대 국어로 오면서 어두 자음군이 사라지며 된소리
로 바뀌게 된다.

18 ④

훈민정음 해례본의 체제

㉠ 본문(세종 지음)
- 머리말 : 세종의 백성에 대한 공시문, 새 문자 창 제의 취지
- 예의 : 자모의 음가 및 운용, 성음법과 가점(사성 점)

㉡ 해례(解例) : 해설(집현전 학자 지음). 제자해(制字 解), 초성해(初聲解), 중성해(中聖解), 종성해(終聖 解), 합자해(合字解), 용자례(用字例)

㉢ 정인지 서(序) : 창제취지, 경위, 의의, 가치 서술

19 ②

문예사조의 흐름 … 고전주의 – 낭만주의 – 사실주의 – 자연주의 – 유미주의 – 상징주의 – 초현실주의 – 주지주의 – 행동주의 – 실존주의

20 ②

「제망매가」는 불교적 윤회사상을 바탕으로 한 작품이 다.

21 ③

① 가사
② 가사
③ 경기체가
④ 고려 가요

22 ②

창선감의록은 조선 숙종 때 조성기(趙聖期)의 작품이다.

23 ②

박씨전 … 여성호걸계 소설의 범주에 들어가는 역사소 설이다. 따라서 '상위적 여성'과 '하위적 남성'이 등장 하여 스토리가 전개된다. 이시백의 집안을 배경으로 하는 한 가정의 이야기가 전반부를 차지하고, 국가적 이야기인 전쟁담이 후반부를 차지하고 있다. 이 소설 의 전반적인 구조는 혼인 – 박해시련 – 시련극복 – (도술)무용담 – 행복한 결말로 되어 있다.

24 ②

① 삼고초려(三顧草廬) : 오두막에 세 번 찾아간다는 것을 의미한다.
③ 수어지교(水魚之交) : 매우 친밀하게 사귀는 사이를 의미한다.
④ 인과응보(因果應報) : 잘못된 행동에는 응당한 대가 가 있음을 의미한다.

25 ①

② 자루 속 송곳은 빠져나오게 마련이다.
③ 촌놈은 밥그릇 큰 것만 찾는다.
④ 포도청 문고리도 빼겠다.

[제2과목] 일반상식

1 ③

경제후생지표(Measure Of Economic Welfare) … 국민
총소득에 후생요소를 추가하면서 비후생요소를 제외함
으로써 복지수준을 정확히 반영하려는 취지로 제안되었
지만, 통계작성에 있어 후생 및 비후생 요소의 수량화
가 쉽지 않아 널리 사용되지는 못하고 있는 실정이다.

2 ①

프로보노(Probono) … 라틴어 'Pro Bono Publico'의 줄
임말로서 '정의를 위하여'라는 뜻이다. 지식이나 서비스
등을 대가없이 사회 공익을 위하여 제공하는 활동을 말
한다.

② 페르소나 논 그라타(Persona Non Grata) : 외교상
   기피 인물을 가리킨다.

③ 애드호크(Ad Hoc) : 특정 사건을 해결하기 위해 모
   였다가 해체하는 일시적인 팀을 가리킨다.

④ 매니페스토(Manifesto) : 구체적인 선거 공약을 말
   한다.

3 ③

K자형 회복 … 고학력 · 고소득 노동자는 경기침체에서
빠르게 회복하는 반면에 저학력 · 저소득 노동자는 회
복이 어렵거나 오히려 소득이 감소하는 등의 양극화 현
상을 일컫는다. 보통은 경기하락이 급격하게 나타났다
가 회복되는 V자형, 일정 기간 동안은 침체되다가 회복
되는 U자형으로 나타나나 최근 코로나19를 통해 임금과
교육수준, 인종 등에 따른 새로운 형태의 경제회복이
나타나고 있다. 고소득층에서는 정보기술을 중심으로
교육과 노동에 타격이 거의 없는 반면, 저소득층에서는
사실상 불가능하여 빈부격차가 악화되고 있다.

4 ①

② 디지털 치매(Digital Dementia) : 디지털 기기에 의
   존하여 기억력이 감소하는 상태를 말한다.

③ 필터 버블(Filter Bubble) : 사용자에게 맞춤형 정
   보만을 제공하는 현상을 말한다.

④ 뉴럴링크(Neuralink) : 일론 머스크가 설립한 스타
   트업으로 뇌 삽입형 전극 등을 개발을 목표로 하
   고 있다.

5 ③

그린 라운드(Green Round) ··· 환경문제를 국제간 협상의 주요한 화제로 다룬다는 의미에서 붙여진 이름이다. 선진국들이 정한 기준보다 공해를 더 유발한 상품일 경우 관세를 더 물리도록 하겠다는 것이 주요 내용이다.

① 그린피스 : 핵 실험 반대와 자연보호 운동 등을 통하여 지구 환경을 보존하기 위해 결성된 국제 환경보호 단체이다.

② 람사협약 : 주요 습지를 보호하기 위해 국제적인 협력으로 맺은 조약을 말한다.

④ 녹색운동 : 환경을 살리고 자연을 보존하기 위한 운동이다,

6 ①

사라예보(Sarajevo) 사건 ··· 1914년 6월 28일 오스트리아 황태자와 그의 비(妃) 사라예보에서 두 명의 세르비아 청년에게 암살된 사건이다. 남(南) 슬라브족의 통일에 장애물이라고 판단한 황태자를 세르비아의 민족주의 비밀결사들이 계획하여 제거한 것이다.

② 세포이 항쟁 : 1857년부터 1859년에 전개된 인도 최초의 민족 항쟁을 말한다.

③ 종교개혁 : 16 ~ 17세기에 유럽에서 로마 가톨릭 교회의 쇄신을 요구하던 개혁운동을 말한다.

④ 동북공정 : 중국 국경 안에서 전개된 모든 역사를 중국의 역사로 편입하려는 연구 계획을 말한다.

7 ②

해피 드러그(Happy Drug) ··· 행복(Happy)와 약(Drug)의 합성어로, 생활수준이 올라감에 따라 건강하고 행복한 삶을 영위하기 위해 복용하는 의약품을 말하며 비만 치료제나 자양 강장제 등이 있다.

8 ①

Pop Art(팝아트) ··· 파퓰러 아트(Popular Art)를 줄인 말로서, 1960년대 뉴욕을 중심으로 일어난 미술의 경향이다. 그 시초는 매스미디어에 주목한 리차드 해밀튼 등의 영국작가였으나, 반(反)예술적인 지향이라는 취지 아래 신문의 만화, 상업디자인, 영화의 스틸(Still), TV 등 대중사회에 있어서 매스미디어의 이미지를 적극적으로 주제 삼은 것은 뉴욕의 팝 아티스트들이다. 자스퍼 존스, 라우센버그를 선구자로 하고, 리히텐스타인, 워홀, 올덴버그, 로젠퀴스트 등이 대표적이다.

9 ①

아그레망(Agrement) … 타국의 외교사절을 승인하는 절차로 새로운 대사를 파견할 때 사전에 상대국에 그 인물을 받아들일지의 여부를 조회하는 것을 말한다.

②③④ 외교사절의 파견은 아그레망 임명 신임장부여 파견 순으로 이루어진다.

10 ②

밴드왜건 효과 … 정치학에서는 소위 말하는 대세론으로 후보자가 일정 수준 이상의 지지율을 얻으면 그 후보를 따라가게 되는데 이를 밴드왜건 효과라고 한다. 경제학에서는 대중적으로 유행하는 상품을 따라서 소비하는 성향을 일컫는다.

① 언더독 효과 : 여론조사 결과 열세에 있는 후보를 지지하는 현상을 말한다.

② 데킬라 효과 : 1995년에 발생한 멕시코의 금융위기가 다른 중남미 국가에 미친 파급효과를 지칭한다.

③ 스티그마 효과 : 부정적으로 낙인찍히면 점점 더 나쁜 행태를 보이고, 부정적인 인식이 지속되는 현상으로 낙인 효과라고도 한다.

11 ④

〈보기〉는 인플레이션 상황에 대한 설명이다.

④ 인플레이션이 심화되었을 때 정부는 긴축재정을 운용하여 총수요를 억제한다.

①②③ 디플레이션에 대응하기 위해 총수요를 증가시키는 정책에 해당된다.

12 ③

③ 행정 기관의 재량권은 약화된다.

※ **공공기관의 정보공개에 관한 법률 제1조(목적)** … 이 법은 공공기관이 보유·관리하는 정보에 대한 국민의 공개 청구 및 공공기관의 공개 의무에 관하여 필요한 사항을 정함으로써 국민의 알권리를 보장하고 국정(國政)에 대한 국민의 참여와 국정 운영의 투명성을 확보함을 목적으로 한다.

13 ③

③ 준거집단은 한 개인이 자신의 신념·태도 및 행동 방향을 결정하는 데 준거기준으로 삼고 있는 사회 집단이다.

① 내집단은 한 개인이 그 집단에 소속한다는 느낌을 가지며, 구성원 간에 우리라는 공동체 의식이 강한 집단을 말한다.

② 외집단은 내집단에 반하여 이질감이나 적대 의식을 가지는 집단을 말한다.

④ 이익 사회는 결합의 동기가 이해관계에 있고, 구성원들의 선택의지에 의하여 이루어지는 사회를 말한다.

14 ②

① 의회와 정부를 매개하는 것은 정당이다.

③ 정치 사회화 기능은 정당, 이익집단, 시민단체 모두가 할 수 있다.

④ 이익집단은 영리를 추구하는 집단이다.

15 ②

헌법소원은 공권력으로 인해 기본권을 침해받은 경우 이를 회복시켜 달라고 헌법재판소에 청구하는 일을 말한다. 국가기관의 공권력 행사 또는 불행사로 국민이 헌법상 보장된 기본권을 침해받은 경우 국민은 이를 회복하기 위해 헌법재판소에 헌법소원심판을 청구할 수 있다.

② 헌법상 기본권인 통신의 자유를 침해당한 경우이다.

①③④ 법원에 소송을 청구할 수 있는 사례이다.

16 ③

국내 총생산(GDP)은 일정 기간 동안 한 나라의 국경 안에서 생산된 모든 최종생산물의 시장가치로, A국의 국내 총생산은 국적과 관계없이 A국 내에서 생산된 것의 총합이다.

③ A국의 국내 총생산은 C국의 근로자가 A국에 취업해서 받은 200만 달러와 C국의 항공기 업체가 A국에 공장을 세워 생산한 제품을 B국에 수출하여 벌어들인 1,000만 달러를 더한 1,200만 달러이다.

17 ③

① 지역적 구성을 표준으로 하여 선거구를 설정하고 그 안에서 대표자를 선출하는 선거방법으로 지역구의원이 선출된다.

② 선거구를 특정한 정당이나 후보자에게 유리한 일이 없도록 하기 위해, 선거구를 국회가 법률로써 정하는 제도이다.

③ 득표순위에 따라 대표자를 선출할 수 있는 제도로 대선거구제를 전제로 한다.

④ 한 선거구에서 다수표를 얻은 한 사람의 대표를 선출하는 제도로 다수대표제와 결합되며 우리나라에서 사용되는 선거방법이다.

18 ②

(가) 계층 체계 내에서의 개인의 위치 변화→개인적 이동

(나) 사회 변동으로 기존의 계층구조가 변화됨으로써 나타나는 위치 변화→구조적 이동

19 ③

③ 모두 왕권강화를 위해 지방세력을 견제하기 위한 제도이다.

㉠ **기인 제도** : 태조 왕건은 지방 호족의 자제를 볼모로 중앙에 머물게 하는 기인 제도를 실시하였다. 기인 제도는 호족 세력을 견제하여 왕권을 강화하기 위해 실시하였다.

㉡ **사심관 제도** : 고려 태조 때 지방 호족 세력을 약화시키려고 실시한 왕권 강화책이다. 935년 고려에 항복한 신라의 마지막 왕인 경순왕(김부)을 경주의 사심관으로 삼은 데에서 시작되었다. 그 지방의 관리를 그 지방 사람으로 임명하여 지방에서 반역의 일이 발생하면 사심관 직에 임명된 관리에게 연대 책임을 지게 함으로써 지방 세력을 약화시키는 것이다.

㉢ **상수리 제도** : 신라시대 중앙정부가 일종의 볼모를 이용해 지방세력을 통제하던 방식으로 고려시대 기인제도(其人制度)의 전신이다.

㉣ **경재소 제도** : 조선 전기 중앙의 고위 관리가 자기 출신지역 유향소의 품관들을 관리 감독하며 정부와 지역 간의 여러 가지 일을 주선하던 중앙기구다.

20 ④

㉠ 6세기 초반

㉡ 6세기 후반

㉢ 3세기

㉣ 5세기

㉤ 4세기

21 ④

거란의 항쟁결과

㉠ 국제관계에서 세력의 균형이 이루어졌다(거란, 송, 고려).

㉡ 강감찬의 건의로 국방을 강화하기 위하여 개경에 나성을 축조하였다.

㉢ 압록강 어귀에서 동해안 도련포에 이르는 천리장성을 축조하였다(거란과 여진의 침입에 대한 방어를 위해).

22 ③

③ 아방강역고는 국토에 대한 학문적 이해의 축적과 중국으로부터의 서양식 지도의 전래로 중국 중심의 세계관을 변화시켜 편찬한 것으로 우리 국토의 강역의 변천을 주로 연구한 역사지리서이다.

23 ④

① 우리나라 최초의 철도는 경인선으로 부설권을 획득한 나라는 미국이다. 이후 미국이 일본에 매각하여 일본이 부설하게 되었다.

② 국권이 상실되자 신채호는 민족영웅전을 저술하여 민족의식을 고취시켰다.

③ 박영효의 건의에 의해 만들어진 박문국은 한성순보를 발간하였다.

24 ②

조선후기의 경제생활 … 지주전호제의 확산, 광작의 성행, 정치기강의 문란 등으로 농민의 농토이탈이 심화되었다.

㉠ 농토로부터 이탈된 농민들은 도시로 나가 영세상업에 종사하거나 광산, 포구 등지에서 품팔이로 생계를 영위하였다.

㉡ 정부는 광산개발을 정부 주도에서 민간 주도로 이양하는 설점수세제를 시행하였다.

㉢ 수공업에 있어서 장인의 등록제를 폐지하였고 상업에 있어서는 육의전을 제외한 시전의 금난전권을 폐지하였다.

㉣ 경제활동은 민간의 자율과 시장경제의 수요, 공급에 따라 이루어져 갔다.

25 ④

좌우합작운동은 미군정의 후원하에 처음 전개되었으며 좌우합작 7원칙 중 2조항에 미소공동위원회의 속개를 요청하는 내용이 있다.

㉡ 중도우파인 김규식과 중도좌파 여운형이 주도하였다.

㉢ 조선공산당은 좌우합작운동에 참여하지 않았다.